Anonymus

Michael is Thomasii Dispvtationes

Anonymus

Michael is Thomasii Dispvtationes

ISBN/EAN: 9783741178245

Manufactured in Europe, USA, Canada, Australia, Japa

Cover: Foto ©Andreas Hilbeck / pixelio.de

Manufactured and distributed by brebook publishing software
(www.brebook.com)

Anonymus

Michael is Thomasii Dispvtationes

MOTVS PROPRIVS

PIVS IIII PONT. MAX.

Motv proprio &c. Cum, sicut accepimus, dilectus filius Michael Thomasius nobis nuper exponi fecerit, se propria impensa imprimere uelle opus, quod ipse confecit, et cuius titulus est Michaelis Thomasii disputationes quaedam Ecclesiasticae, dubiteq. ne huiusmodi opus postmodum ab aliis sine eius licentia imprimatur, quod in maximum suum praeiudicium tenderet: Nos propterea eius indemnitati consulere uolentes, motu simili et certa scientia eidem Michaeli ne praedictum opus hactenus non impressum et per ipsum a Magistro Sacri Palatii approbatum, imprimendum, per decem annos post eius operis impressionem a quocunque sine ipsius licentia imprimi, aut ab ipsis uel aliis uendi, seu in eorum apothecis uel alias uenale praeterquam a dicto Michaele impressum uel imprimendum teneri possit, concedimus et indulgemus, inhibentes omnibus et singulis Christi fidelibus tam in Italia, quam extra Italiam existentibus, praesertim bibliopolis et librorum impressoribus, sub excommunicationis latae sententiae; in terris uero Sanctae Romanae Ecclesiae mediate uel immediate subiectis, etiam quingentorum ducatorum auri Camerae Apostolicae applicandorum, et insuper amissionis librorum poenis, toties ipso facto, et absque alia declaratione incurrendis, quoties contrauentum fuerit ne intra decennium ab impressione dicti operis computandum, dictum opus hactenus non impressum et per ipsum Michaelem imprimendum, sine ipsius Michaelis expressa licentia dicto decennio durante imprimere seu ab ipsis uel ab aliis praeterquam a dicto Michaele im-

:ssum et imprimendum uendere seu uenale habere uel
ponere uel ut supra habere audeant . Mandantes uni
rsis uenerabilibus fratribus nostris Archiepiscopis et
iscopis, eorumq. Vicariis seu officialibus in spiritua-
us generalibus, et in statu temporali Sanctae Roma-
: Ecclesiae etiam Legatis, et Vicelegatis Sedis Aposto
ae, ac ipsius status Gubernatoribus, ut, quoties pro ip
s Michaelis parte fuerint requisiti , uel eorum aliquis
:rit requisitus , eidem Michaeli efficacis defensionis
aesidio assistentes praemissa ad omnem dicti Michae-
requisitionem contra inobedientes et rebelles per
ısuras Ecclesiasticas etiam saepius aggrauando et per
ı iuris remedia auctoritate Apostolica exequantur ,
ıocato etiam ad hoc si opus fuerit auxilio brachii sae-
aris. et insuper quia difficile admodum esset praesen-
n Motum proprium ad quemlibet locum deferri , uo-
ıus et Apostolica auctoritate decernimus ipsius tran
nptis uel exemplis , etiam in singulis libris impressis,
nam et eandem prorsus fidem ubique tam in iudicio
ım extra haberi , quae praesenti originali haberetur,
ic per quoscumque iudices, tam ordinarios quam de-
atos, tam in curia et Italia, quam extra Italiam iudica
nandamus , nulla ignorantiae praetensione admissa .
cum absolutione a censuris ad effectum praesentium,
ɪuod sola signatura sufficiat .

Fiat I .

MICHAELIS THOMASII DISPVTATIONES QVAEDAM ECCLESIASTICAE.

AD CAROLVM BORROMEVM CARDINALEM AMPLISSIMVM.

EX uariis diſputationibus eccleſiaſti-
cis, de quibus librum confeci, et
quarum tu multas Cardinalis ampliſſime uidiſti, haſce tres euulgarè
conſtitui: ut in his paucis experiar, quale erit
doctorum ac ſapientium uirorum de his noſtris lucubrationibus iudicium, quas ſi uidero
eis non diſplicere, ſtudium omne in aliis po-
liendis et abſoluendis ponam; ſin minus alio
mentem atque animum meum conuertam.
non enim is ſum, qui ita res meas amem, ut ſi
eas doctis ac bonis uiris uideam non probari,
non eas ego quoque facile negligam. Tibi uero in primis Cardinalis ampliſſime has opto
placere, et quia tuum iudicium maximi facio,
et quia tu multas doctiſſimorum et ſapientiſ-
ſimorum hominum de hiſce rebus commen-
tationes collegiſti. quid enim ſuperioribus

diebus multis consultationibus egisti, nisi ut recta ratio constituendi Seminarii Mediolani (cuius Ecclesiae tu curam ita suscepisti, ut ei et boni ciuis, et optimi pastoris officium exactissime praestes) explorata tibi et cognita esset? post quam deliberationem rem ipsam confecisti, et collegium Seminarii constituisti: utinam alias huiusmodi res, ut optas, ita conficere posses; et non contrariis aliorum studiis impedireris. ad hanc autem Seminarij rationem illa nostra disputatio pertinet, in qua de uariis collegiis ad utilitatem publicam constituendis tractamus. ratio quoque prouincialium conciliorum, quam altera nostra tractatione comprehendimus (ut spero) non erit omnino inutilis: quam quidem non mea tantum sponte, sed hortatu multorum praestantissimorum hominum, qui eam uiderunt, euulgaui. hisce duabus eam disputationem praeposui, in qua fidem ac religionem Christianam et Catholicam tueor atque defendo. in ea uero Vincentium Lyrenensem uolui imitari: ita neque longa nimis oratione, neque multis argumentis hinc & inde sumptis (quod sine magna difficultate facere poteram) usus sum; uerum praecipua tantum et maxima quaedam capita selegi, et quae huiusmodi mihi uisa sunt, ut a quouis cordato ac prudenti uiro facile intelligi ac probari possint. id enim spectaui, ut quantum poteram, homines omni dubitatione liberarem, et in uera ac Catholica fide confirmarem. nam si nullibi salus, nisi in hac Catholicae Ecclesiae naui reperiri potest; quamuis uariis malis ab aliquibus Naucleris afficiar; omnia mihi patienter ferenda sunt, modo in ea naui, in qua sola salus inuenitur, manere possim. quid enim amentius cogitari iis hominibus potest, qui non contenti antiquitus tradita disciplina, semper aliquid religioni addere, aut detrahere conantur, quasi humanum sit aliquod inuentum religio, et non diuina uirtute Ecclesia Catholica fuerit semper gubernata. praeclaram uero Ecclesiam haberemus, si eorum inconstantiam ac leuitatem animi sectaremur, qui quotidie suas opiniones, et semper in deterius mutant. qui etiam ea utuntur erga parentes et maiores suos impietate, ut eos non uereantur tamquam idolatras et impios damnare, modo ipsi impietatem suam constituant. quare cum haec sint

nostra

nostra tempora, ut liberius quam oporteret homines de religione loquantur et sentiant, multiq. ob leues quasdam ratiunculas aliquando nutent, iudicaui huic malo omnino esse occurrendum, et rationibus quibusdam a communi sensu petitis horum animos esse plane confirmandos. Hoc sane praestare conatus sum, et hoc efficere uolui; quod si sim consecutus an non, hanc nostram disputationem legens, tu Cardinalis amplissime facile iudicabis: nam alias duas diu est quod legisti.

BREVIS CHRISTIANAE AC CATHOLICAE FIDEI DEFENSIO,

ET IVDAEORVM, MAHVMETANORVM, ATQVE HAERETICORVM OPPVGNATIO.

NON leuiter multi animi imbecillioris mouentur, cum tam multas et magnas nationes, ut ſunt Turcae, Perſae, Aegyptii, tota Africa, et Iudaei à Chriſtiana religione diſſidentes uident; quibus etiam auget dubitationem, cum conſiderant inter nos tam magnas diſſenſiones, et haereſes; ut propter hanc diſſenſionem aliquando diabolo inſtigante, et ſemper in malam partem impellente, dubitent fieri poſſe, ut etiam inter Turcas, et reliquos qui Mahumetis inſaniam ſunt ſecuti, poſſit uera aliqua religio reperiri: aut eſſe aliqua in parte Iudaeis, tamquam antiquiſſimis religionis cultoribus adhaerendum. propterea quattuor haec diſputatione hac breuiter tractare conſtitui, adductis potius rationibus, quam diuinarum litterarum locis praesertim in duabus prioribus partibus; quibus philosophi, et politici quidam homines, ad quos hanc disputationem praecipue refero, non ita fortasse mouerentur; cum rationibus e communi sensu petitis, nisi sint omnis sensus expertes, repugnare non possint. Primum ergo docebo, Iudaeorum fuisse quidem aliquam, sed nunc nullam esse religionẽ: dein Mahumetanorum neque unquam fuisse, neque nunc esse ullam: tertium dissensiones atque haereses nihil nos mouere debere, quo minus existimemus in nobis uerã religionem reperiri: demum demonstrabo in ea parte Christianorũ ueram esse religionem, qui nullam fecerunt ab aliis discessionem, sed in Patrum traditionibus permanserunt. haec omnia cum absoluerimus, disputationi huic finem imponemus. De Iudaeis nemo nostrum dubitat, fuisse inter eos aliquando ueram religionem, et uerum Dei cultum: quo etiam tempore florebat apud eos Imperium, et multis gentibus populisq. imperabant. quod si aliquando propter peccata sua uincebantur, facile emergebant, feminis etiam ad eos in libertatem uindicandos diuina prouidentia excitatis; ſicut de Delbora et Iudith legimus: hos cum nunc uideamus pluſquam mille quingentos annos in ſumma miſeria iacentes, credendum ne eſt, Deum eos nunc ſingulari, ut ante faciebat, amore complecti, quos tam diu miſerrime permittit affligi? Sane aut nullam dicemus eſſe Dei prouidentiam, aut hos nullo modo dicemus Deo caros, et electos eſſe. quamuis enim Deus ſuos aliquādo affligi patiatur; numquam tamen eos ita affligi permittit, ut ſuos eſſe obliuiſcatur: ſicut ex hiſtoria Iob, ſi uolumus ſingulari aliquo exemplo uti, diſcere poſſumus. olim enim cum Iudaeis faciebat, quod nunc etiam cum Chriſtianis facit; ut permittat ſaepe partem aliquam Chriſtiani populi a Turcis et pyratis ac diripi, uexari; primum ut multi qui inter nos mali ſunt puniantur, dein ut boni exerceantur: ſed bonos non longo tempore patitur Deus grauibus miſeriis torqueri, ſed illos modis mirabilibus, etiam inter ipſos fidei noſtrae hoſtes, ut ſaepe a multis audiui, iuuat: aut ſi eos diu affligi et morte mulctari permittit, illa eos laetitia perfundit, qua olim Martyres ſanctiſſimos afficiebat, quorū multi tormenta non ſentiebant. uerum longe

 aliud

aliud est partem aliquam Christianorum pati, ut olim pars aliqua Iudaeorum in seruitutem abducebatur; aliud uniuersos nunc Iudaeos in miserrima degere seruitute. quod si dicant, uniuersos quoque olim Babilonem fuisse abductos: atqui tum floruerunt aliqui ipsorum et ualuerunt plurimum in ipsa seruitute apud Regem, et durauit ea seruitus LXX annos: at nunc omnes abiecti, et uilibus tantum officiis addicti, iam mille quingentos annos in miserrima seruitute uiuunt cum nulla spe libertatis. quis ergo dubitet eam gentem Deo propter sua nefanda peccata esse neglectam, quam uidet inter homines adeo esse despectam? olim etiam florebat apud ipsos, et in maximo pretio erat Sacerdotiū, et maxima Sacrificia ab eo populo Deo offerebantur; nunc uero, cum sine Sacerdotio, et sine ullis Sacrificiis more belluarum uiuant, ac tamquam cicadae uel anseres potius uersus Dauidicos solum decantent, cum eorū sensum ne Rabini quidem ipsorum intelligant, quaenam potest esse apud eos religio? olim quoque quantumcumque afflictae res ipsorum essent, semper erat inter illos aliquis Propheta, et erant multi sacrarum litterarum et Legis peritissimi, quales nunc nulli apud eos reperiuntur. itaque cum nullum sit inter eos Regnum, nullum Sacerdotium, nullum Sacrificium, nulla iam sacrarum litterarum scientia; quo modo inter eos dicemus ueram religionem reperiri posse? Sed uolo hic annotare benignitatem quandam maximam Christianorum aduersus Iudaeos, quam mihi saepe contigit admirari: quae nisi a Deo accepta et inspirata fuisset, numquam ulli homines ea usi fuissent. Primum concedimus Christum nostrum, quem filium Dei esse asseueramus, ab eis in crucem actum; et tamen fatemur Iudaeos ipsos uerum cultum Dei ante nos habuisse, et libros omnes Prophetarum, et aliorum qui inter Iudaeos sancti extiterunt, recipimus: quo modo quaeso si haec humana esset sapientia, non diuina; non eo odio contra gentem illam arderemus, quae tantum nefas in Christum, et Deum nostrum commisit; ut odio gentis non solum hos, sed illos quoque auersaremur, et abhorreremus? Nos autem, hoc est Sancta et Catholica Ecclesia, tantum abest, ut hoc umquam autumarit; ut contra Marcionem, et Manichaeos, qui odio quodam

humano

humano hoc dicere, uetus Testamentum dam nando, tentauerunt, grauissime insurrexerit, eosq. magis quam ipsos Iudaeos abhorruerit. Abrahami uero fidem, Iacobi bonitatem, et Iosephi castitatem ac mansuetudinem, quis umquam Iudaeus ita laudauit, aut imitatus est, sicut plurimi Christianorum fecerunt? nam si uitas sanctorum hominum nostrorum percur rere omnes uoluerimus, pro uno Abrahamo multos Abrahamos, et multos Iacobos, et infinitos castissimos Iosephos inter nostros extitisse reperiemus. hoc etiam addere non grauabor, quod uerissimum est; numquam Iudaeos a se ipsis tantam fuisse gloriam consecutos, quantam a Christianis acceperunt: ut ex eo aequitas et bonitas Christianorum cognoscatur, aut uerius diuina sapientia eos gubernans, et diuina ueritas in eorum animis infusa. per fidem enim Christi Romani, qui rerum potiebantur, et qui semper Iudaeos tamquam superstitiosos et insanos erant auersati, confessi sunt eorum cultum, quem antea abhorrebant, meliorem quam suorum Maiorum fuisse. immo, quod est omnino mirabile, Iudaeorum dixerunt diuinum cultum fuisse, suam uero inanem superstitionem, et daemonum idolorumq. adorationem abiecerunt. Graeci etiam qui se omnium hominum sapientissimos iudicabant, nonne idem quod Romani, aliiq. omnes populi Iudaeorum cultum laudando fecerunt? ac sane qui tam faciles propter inspiratam ipsis a Deo ueritatem fuerunt in laudando uetere Iudaeorum cultu, et repudianda maiorum suorum idolatria: ii ipsi procul dubio, si conseruanda eis sacrificia et ritus Iudaeorum fuissent, eos quoque conseruassent. sed cum ab Apostolis uere diuinae uoluntatis interpretibus didicissent, in lege Iudaeorum quaedam esse certa et omnino bona, ut Decalogi praecepta, et aliqua alia, ea quidem retinuerunt; circumcisionē uero et ritus, quos eis Deus imperauerat, ut proteruum populum grauitate praeceptorum aequiorem tractabilioremq. faceret, eos omnes reiecerunt. nā in circumcisione, aliisq. omnibus iudaicis caerimoniis, ex ipsa earum cognitione certum est, nullam solidam uirtutem in eis potuisse reperiri: quamuis quo tempore uiguerunt, obseruandae ab ipsis fuerunt. ac satis benigne cum ea gente Deus agebat, cum alias omnes pessum et inbaratrum

ire

ire permitteret ob indignationem peccati A-dae, si eam quibuscumque modis ab ea calamitate et perditione seruaret. cum autem apud Iudaeos iam nihil manserit, praeter ineptam quandam suarum caerimoniarum obseruationem; perierit autem Regnum, Sacerdotium, Sacrificia, ut ante diximus, et omnis sacrarum litterarum scientia; efficitur necessario, ut nulla amplius in ea gente esse religio possit. De Mahumetanis, quoniam tot populos, et tot nationes uidemus eo errore, et iis ineptiis implicatos, dubitabit fortasse aliquis, magis quam de Iudaeis: maxime cum Turcarum Imperium florere uideat, et nostro quodam modo imminere. uerum cuiuis cordato homini nullam esse eorum religionem, sed meras esse nugas et ineptias, uel sola Alcorani lectio persuadebit. religio autem quaenam esse potest sine Sacerdotio, et Sacrificio? quin potius hi multo magis in religione peccare mihi uidentur, quam olim Gentiles: qui quamuis idolis sacrificarent, tamen formam aliquam Sacerdotii, Sacrificiiq. et caerimoniarum habebant; cum Turcae habeant nullam. accedit, quod in quibus fuit uera religio, in his semper multi sapien-

tes et

tes et docti uiri extiterunt: sic olim apud Iudaeos multi Prophetae, et sapientes uiri fuerunt, apud Aegyptios quoque ueteres, qui Iudaeorum imitatione, unum Deum colebant; multi quoque docti uiri extiterunt. In graecis etiam Socratem, et Heraclitum, et nonnullos alios Iustinus philosophus et martyr in numerum iustorum non ueretur referre. sed Graeci ad nostram rem nõ ita fortasse pertinent; quoniam ego non id uolo docere, in omni gente, in qua fuit litterarum et doctrinae scientia, fuisse ueram religionem: potuit enim occulto aliquo Dei consilio etiam minus religiosis hoc donum scientiae impartiri: sed hoc dico, nullam fuisse gentem uerae religionis participem, quam Deus uoluerit scientiae et doctrinae omnino expertem esse. nam sine litterarũ scientia uix, ac ne uix quidem tueri ueram religionem possemus. quamuis enim principes nostrae religionis Apostoli, miraculo quodam rudes et imperiti fuerint electi, at fuerunt ita a Deo docti, ut quamuis sermonis elegantiam negligerent, magnam tamen et reconditam diuinamq. sapientiam ostenderent. alii autem qui post eos sunt secuti, Dionisius, Ireneus,

Iustinus, Clemens Alexandrinus, Origenes, Basilius, et alii omni litterarum genere fuerunt exornati: quorum multi publice alios Philosophiam, Theologiamq. docuerunt. apud Turcas autem quaenam quaeso est doctrina, aut quaenam litterarum scientia? neque mihi aliquis dicat reperiri apud illos egregios medicos, qui herbarum tantum succis multis morborum generibus medeantur: hoc enim leue est, quod potius euenit ex bonitate fructicum, quae in ea regione nascuntur, quam ab ulla exquisita scientia medicinae. sed ut dem illos esse medicos peritissimos, quid de illis maximis studiis dicemus, quae egent magna animi intẽtione et assidua meditatione? ut est omnis morum et Reip. doctrina, in qua leges omnes quibus res publicas tuemur, continentur? quid de Theologia? scientiam enim perfectam harum rerum nullus sine magna exercitatione habere potest: quod si hac utuntur exercitatione, ubi sunt illorum Gymnasia? ubi Academiae? quemadmodum apud Catholicos uidemus plurimas, in quibus quotidie melius studia informantur. nam apud haereticos, ut hoc obiter de illis dicamus, sicut uera religio, ita

studia

studia litterarum iam diu iacere coeperunt. ita, ut in Germania, in qua antea multi docti uiri reperiebantur, uix iam aliquis mediocriter doctus, nisi sit Catholicus, aut ex illis ueteratoribus, qui a nobis desciuerunt, inueniri queat: adeo coniuncta [illegible] uera religio cum scientia litterarum. sed ne quis multitudinem tot populorum, et gentium miretur; consideret potius stultas eorum opiniones, et a communi sensu abhorrentes; cumq. eos manifeste ab omni ueritate uiderit aberrare, Deum ualde laudabit, qui se tanto beneficio affecit, ut ab illis erroribus liberarit. ac cum uideris gentem alioqui non stolidam, et in qua olim doctissimi uiri extiterunt, maxime si Afros consideres, qui nunc sunt omnium ineptissimi, qui tamen nobis Tertullianum, Cyprianum, Augustinumq. dederunt: quid aliud dicere poteris, nisi propter maxima peccata gentem illam esse ignorãtia caecatam; ita, ut uereri quoque de te debeas, ne aliquo graui peccato oppressus, lumine diuino priueris. ex quo demisse et humiliter gerere nos aduersus Deum discere debemus. ac sane si quis rem accurate considerarit, non ualde raritatem hanc bonorum mirabitur.

rabitur. nam in omni hominum genere, qui ad aliquam rem uel artem animum adhibent, rari euadunt eius artis egregie, uel etiam mediocriter periti: ita rari ſunt Medici, rari Iuriſperiti, rari Theologi, qui in ſuo quiq. doctrinae genere excelluerint. [illegible] ad inferiores artes ueniamus, rari ſunt ſculptores, rari pictores, et id genus alii artifices. cum ergo rari ſint, pro uniuerſa hominum multitudine, ſuae artis etiam mediocriter periti; mirandũ non eſt, cum ſit ars difficillima ueritatem religionis tenere, et iuxta eam honeſte uiuere, ſi pauci eam tenent, et ſe iuxta illam exercent? ego enim non uideo quid differat Chriſtianus omni uitiorum genere inquinatus, et in eis obſtinate uiuens a Turca, uel Afro; niſi quod ille grauius, quia ſceleratius peccauit, punietur. quod autem Turcis, qui animum ad contemplationem ueritatis adiungere uoluerunt, diuina gratia non deſit; declarant exempla aliquorum, qui ſuperioribus annis ex diligenti Alcorani et Euangelii inſpectione, ipſi per ſe ipſos didicerunt ineptiis eſſe refertum Alcoranum; contra in Euangelio nudam ſimplicemq. ueritatem contineri. quod cum publice euulgaſ-

ſent,

ſent, et coram Turcarũ tyranno profeſſi eſſent, conſtantiſſime in ea confeſſione mortem obierunt: quos etiam alii ante paucos annos ſunt imitati. ſuperioribus etiam diebus uidimus hic Romae duos nobiles iuuenes Turcas ſponte ſua, nulla ui coactos patria relicta Zaram, tantum ut diſciplina Chriſtianorum imbuerentur, ueniſſe. quos eius ciuitatis Epiſcopus rei nouitate commotus Romam uenire iuſſit, ut hic diligentius hominum ingenium exploraretur. qui cum uere, et ex animo ſalutem animae ſuae quaerere reperti eſſent, poſtquam diligenter fidem Chriſtianam edocti fuerunt; cum magno honore, ut decebat cum nobilibus et tam bene animatis iuuenibus fieri, fuerunt publice baptizati. Ac ſane ſperarem, ſi aliqua eſſent apud illos ſtudia litterarum, facile poſſe multis ineptias ſuas indicari: quod nunc cum ignaris litterarum non ita facile fieri poteſt. Imperium autem illis Deus ad puniendos et caſtigandos nos conſeruat; quod tamen illi non aequitate legum, ſed ui quadam tyrannica tuentur. cum enim nihil quiſquam habeat proprium, etiam qui maximis honoribus et magiſtratibus functus eſt, de quo teſtari poſſit; et cum et cum omnes se Tyranni seruos fateantur, et sint reuera; nonne tyrannicam plane uim sine ulla aequitate in eorum Regno esse dicendum est? Quare, cum Regnum sine bonis et aequis legibus non tam Regnum, quam tyrannis plane dicenda sit, quae sola apud illos reperitur; desint autem Sacerdotium, Sacrificium, et omnis litterarum scientia, quamnam dicemus eorum religionem esse, in qua haec omnia desunt? Ac sane praeclaros haberet religionis duces, si quis eos superstitionibus, ineptiisq. addictissimos, et omnis uerae pietatis, et doctrinae ignaros sequi cōstitueret. sed dubitabit apud se aliquis et mirabitur, quid hoc sit, quod tam multi populi, et nationes factae quodam modo a Deo ut in aeternum pereant uidentur; et dicet: cur Deus animas Iudaeorum et Turcarum infantibus creat, quas scit esse perituras? sed hoc mirari desines, si haec quae breuiter subiiciam consideraueris. Primum hoc scire te oportet, Deum qui bonitate egregia mundum hominesq. creauit, legibus quibusdam sic se constrixisse, ut ab illis nullo modo uelit recedere: cum enim dixisset, crescite et multiplicamini, ea se lege deuinxit, ut

cum

cum partus in utero cuiuscumque mulieris siue Iudaeae, siue Arabicae, aut Turcicae, ita conformatus esset, ut recipere animam rationalem posset, eam infunderet. ita quamuis eos perituros uideat, non uult ab ea lege sua recedere. quibus etiam melius multo est, hac luce et hac uita fruitos esse, quamuis in inferno post modum propter sua peccata torqueantur, quam omnino non fuisse. Itaque negare non possumus Deum bonitate et misericordia eos sua, non solum in hoc mundo, uerum etiam in inferno complecti: sed iustis ac bonis ex hac multitudine malorum infinitus cumulus utilitatum accedit. Primum enim exercentur saepe a malis et probantur: alterum, quod sentiunt se multo magis deuinctos ad agendas immensas Deo gratias, cum se uident tantis beneficiis a Deo affectos, cum tam multi se ipsos ea gratia priuauerint. nam Deus optimus, quamuis aliquibus, quos uult eminentiores et sanctiores aliis esse, maiora gratiae dona largiatur; nullis tamen est, cui non id donet et in animum instillet, quo si uti uelit, possit effici particeps aeternae salutis. quaero autem a te, quonam pacto melius et sapientius Deus potuerit mun-

dum

dum gubernare, an ita, ut electi omnes ipsi soli una aetate trecentum annorum, aut amplius extitissent, quos, postquam ad se Deus assumpsisset amplius nullus mundus esset: an hoc modo, cum per multas aetates permittit semper mundum plenum esse hominibus, singulis aetatibus partem aliquam electorum largiens, quos mali exercent? cum tamen ipsi illos iuuare conentur, et saepe efficiant, ut multi, qui antea erant mali, ad meliora conuertantur. an non illustrius et magnificentius est, sic mundum, quam illo modo gubernari? primū enim duratio ipsa mundi melior est, quam breuitas: dein magnificentius est Deum tam multos homines creare, qui omnes, si uelint, possunt se ipsos bonos et iustos, diuina gratia semper illis fauente, efficere, quam si tantum illos qui electi futuri sint crearet. tertium quia ipsis melius est, primum uita hac frui, deinde uiuere et esse, quam si omnino numquā fuissent. quartum, quia si Deus tantum crearet electos, idem fuisset post peccatum Adae, ac si non peccasset, et idem esset in hoc mundo, aut in paradiso terrestri uersari; quod et absurdū, et contra omnem iustitiam esset. demonstro hoc,

hoc, quia uideri potest obscurius. si omnes qui in hunc mundū editi essent seruarētur, quodnam discrimen esset huius status rerum post peccatum, et illius qui futurus fuisset si Adam non peccasset? Vides ergo his omnibus euidentibus rationibus, electis melius esse, et quod ad Deum attinet iustius, magnificētius, ac splendidius esse mundum sic gubernari, ut singulis aetatibus infinita hominum multitudo procreetur, quam si una aetate omnes electi in lucem prodiissent, et mundus esse desiisset. accedit hoc, in quo est maxima uis, quod cum omnia Deus propter electos fecerit, illis adsunt caussae multo maiores, et quodam modo infinitae, magnas agendi Deo gratias, cum se uident ex tanta multitudine electos, et diuino lacte semper nutritos; cum contra multos uideant sibi naturalibus donis pares, se suis flagitiis in tartara demisisse. Itaque gratias agunt ingētes Creatori, Seruatori, Custodi, ac Liberatori suo; seq. submississime illi subiiciunt, cum uident, se quoque potuisse in tartara damnari, quam si nulli essent, qui eos huius considerationis admonerent. desine ergo amplius Christiane mirari, tam multos perire, cum omnes se ipsos suis flagitiis perdant; at tu caue, et bonis tuis, Deum semper uenerando atque amando, fruere, et aliorum casum calamitatemq. miserans; pro eis ora; eosq. cura et opera tua quãtum potes ad meliora conuerte: quos si negligere uideris, tu tibi consule; neque umquam malorum multitudine ita mouearis, ut cum illis potius perire, quam cum paucis bonis uelis seruari. quae omnia tam ad multitudinem Turcarum, Persarum, Afrorum, et Iudaeorum, quam Christianorum suis sceleribus percuntium, referenda sunt. minimam uero apud Deum rationem multitudinis malorum haberi, cum contra paucorum bonorum maxima habeatur, facile intelliges, si ad Noe et ipsius familiam, et reliquos omnes qui diluuio perierunt respicias. His positis, nunc ad haereses et dissensiones quae sunt inter Christianos ueniamus, quibus dissensionibus Christianorum, si Iudaeus, aut Gentilis moueatur, et dicat se nolle ad Christianos accedere, quos uidet tam uariis opinionibus dissentientes, his facile respondebimus; ac primum Iudaeo, an nescis quam diu inter Iudaeos, Pharisaeorũ, Saducaeorum, et Essenorum sectae durauerunt, et id quidem in una ciuitate Hierosolymorũ? quid ergo mirum, si in tam magnis Regnis et populis fuerit aliqui, qui ab aliis dissentiant? Gentili autem, si fuerit philosophiae et bonarum artium non imperitus, possumus facile obiicere maximas philosophorum dissensiones: in quibus uix licet unum reperire, qui in omni parte cum alio consentiat. Itaque fuit semper hoc humani ingenii uitium, ut facile alius ab alio dissentiat, difficillime cõsentiat: et fuit maximum Catholicae Ecclesiae miraculum, quod tam multi populi tot annis, in una fidei sententia consenserint. in qua, tametsi nunc maxima est dissensio, tamen multo plures sumus, qui in ueteri et antiqua Patrum traditione perseueramus; et sunt in nobis multo doctiores et praestantiores uiri, quam in his, qui noua sua figmenta consectantur. sed breuiter aliqua signa attingam, ex quibus quiuis mediocriter eruditus, modo nõ obstinate agat, poterit intelligere, illos nugari in suis opinionibus et insanire, nos autem praeclare sentire: quae sane magna parte sumpsi a ueterrimo et doctissimo scriptore Clemente Alexandrino; quae tamen ita cõueniunt cum haereticis nostri temporis, ut quodam modo ille haec diuinasse uideatur. Primum autem praefabor necesse esse ut sint haereses, quia a domino Mathaei xiii capite prophetice dictum est, seminanda esse in frumento zizania. et Apostolus prima ad Corint. cap. xi. ait: oportet haereses esse, ut probati manifesti fiant. quod si quis istorum hoc sumpto argumento dicat: si necesse est uenire haereses, et id ex diuina atque apostolica praedictione, haeresiarche non peccant, qui id faciunt, quod necessario faciendum est; immo praeclare faciunt, qui Christi et Apostoli praedictionem, quantum in ipsis est, ueracem nituntur efficere: huic respondemus, eadem ratione probari posse Iudaeos recte fecisse, cum Christū crucifixerunt, quia hoc erat a Prophetis praedictū; quod est absurdissimū. quia enim futuri erant mali haeresiarchae, qui haereses seminarent; fuit illud a Christo praedictū: sicut Math. xviii capite ait: necesse est, ut ueniāt scandala; sed ue homini illi per quem scandalum uenit. in quo aperte declarauit, se scandala et haereses, atque earum auctores detestari; sed quia praenouit multos pessimos homines earum auctores futuros esse, dixit eas uenturas. hac ergo praedi-

ctione

ctione et prophetia domini posita, tradetemus aliqua in quibus haeretici omnes, quamuis opinionibus inter se ualde dissenserunt, tamen in iis, quia sunt communia omnium haeresum principia et fomenta, consenserunt. Primum, quod nostri haeretici nunc semper in ore habent, nolle se aliquid admittere, nisi sit in sacris litteris expressum; ea fuit antiqua Arianorum cantilena, qui ὁμοούσιον admittere nolebant, quod nō esset in sacris litteris expressum. idem fecit Nestorius, negans beatam uirginem Mariam θεότοκον esse appellandam, quia hoc uocabulum in sacris litteris non reperiebatur. ergo noui haeretici, cum hoc repetunt, non recedunt a magistris suis ueteribus haeresiarchis, quos generalia concilia condemnarunt, et diuino iudicio tamquam hostes suos, Christus ipse mulctauit. nam Arii uiscera in secessum quendam una cum omni colluuie ciciderunt, et ita miser ille in aeternum periit. et de Nestorio refert Nicephorus lingua eius a uermibus corrosa ingemiscentem et lamentantem ad maiora et sempiterna supplicia emigrasse: quod si huius temporis haeresiarchae in hac uita nullo insigni supplicio afficiuntur; credendum est aeternis eos ſupplicijs grauius eſſe puniendos. iis uero qui adhuc ſuperſtites ſunt, timendum eſt, ne quid ſimile eorum quae diximus, cum illis longe ſint peiores, contingat: quod utiná non fiat, ſed ad meliorem mentem conuertantur. eſt alterum, quo ſemper haeretici uſi ſunt, quod cùm ex ſacris litteris, uel ſanctiſſimorum hominum libris aliqua ad confirmandas ſuas opiniones adducunt, uix unquam illa integra citant, et ſaepe uoces quaſdam ambiguas captant, aut in uocibus ipſis, magis quam in earum ſignificatis innituntur: de quibus elegantiſſime Clemens Alexandrinus in ſeptimo libro ſtromatum Valentini, Marcionis, et Baſilidis conſuetudinem deſcribens ſic loquitur, ut magis noſtri temporis haereticorũ mores, quàm illorum expreſſiſſe uideatur: ſed mirum non eſt ſi in hoc quoque conſenſerunt, cum idem fuerit illorum et horum ſpiritus, nempe diabolicus. Quod ſi propheticis quoque ſcripturis uti auſi fuerunt, qui perſequuntur haereſes, primum quidem non omnibus, deinde non perfectis; neque ut dictat corpus et contextura prophetiae, ſed eligentes ea quae dicta ſunt ambiguè, traducunt ad proprias opinio-

nes;

nes, paucas uoces sparsim carpentes [illegible] considerantes quod ex ipsis significatur, sed ipsa nuda dictione utentes. nam in omnibus fere dictis quae adducunt, inueneris ipsos sola nomina attendentes, ut qui mutent significata; neque quem ad modum dicantur cognoscunt, neque iis quas afferunt allegationibus, ita ut earum natura postulat, utuntur. ueritas autem non inuenitur in eo quod transferat significata, sic enim omnem ueram euerterent ueritatem: sed in eo quod considerent, quid domino et omnipotenti Deo perfecte conueniat, et eum deceat, et in eo quod confirment unum quodque ex iis quae demonstrantur per scripturas, ex ipsis rursus similibus scripturis. an non haec omnia uerissime nouis haereticis conueniunt? Tertium, quod cum urgentur, et ex communi et antiqua consuetudine Ecclesiae ita conuincuntur, ut respondere non possint; ut suam haeresim tueantur, imperceptibiles quasdam rationes sibi fingunt, communibus atque antiquis, tamquam uilibus reiectis, sic noui haeretici, cum argumentis quae pro antiqua Ecclesia adducebantur ita urgerentur, ut respondere nihil, nisi absurde possent; inui-

sibilem

sibile sibi quandam Ecclesiam finxerint; quam neque ipsi, neque ullus unquam uidit, aut uidere poterit. ita cum fide sine operibus iustificari hominem uellent, quam sibi illi fidem finxerunt? talem scilicet, quae non fideles homines, sed infideles efficiat. hoc quoque signum, ne quis nouum putet, idem Clemens annotauit: Cum uiderent ergo sibi imminere periculum, non de uno dogmate, sed de conseruanda haeresi, non ueritatem inuenire, sed quae sunt in medio posita, et in promptu sunt apud nos legissent, ea ut uilia contempserunt, sed quod est commune fidei superare contendentes excesserunt a ueritate. quartum, quod ea quae sibi errore quodam mentis finxerunt, sicut de inuisibili Ecclesia ante dixi, pertinacius ipsi defendunt, quam nos ea quae manifeste scimus uera esse. neque solũ hoc faciunt cum Catholicis, sed idem cum aliis haereticis, qui in aliqua opinione ab ipsis dissentiunt; nos autem timent et odio prosequuntur, hos uero irrident; quod etiam Clemens breuiter annotauit; nihilo ergo apertius uidere licet affirmantes eos qui sciunt de iis quae sciunt, quam hos de iis quae opinantur, quod attinet ad affirmandum,

mandum, absque demonstratione. se itaque inuicem despiciunt et irrident; et accidit, ut eadem intelligentia ab aliis quidem in magno honore habeatur, ab aliis autem damnetur amentiae. Ac sane nullum est certius argumentum apud illos nullam esse ueritatem, quam, quod a tam paucis annis; quibus a nobis defecerunt, tam uariae sunt inter eos de praecipuis dogmatibus dissensiones, ut iam magis ipsi inter se, quam nobiscum uideantur dissentire. diabolico uero spiritu eos agitari, non diuino, nullo argumento potest clarius demonstrari, quam hoc dissensionis. uerum cum illi nobis obiiciunt etiam inter nos esse graues dissensiones; et inter Petrum, et Paulum, ac Barnabam fuisse; facile respódere possumus: et illas Apostolorum, ne nunc longius de illa oeconomia ipsorum cogamur tractare, et nostras tales esse, primum, quae fidem non attingant; dein quae facile sedari possint, cum omnes profitemur, nos Catholicae Ecclesiae, et ipsius Pastori atque Hierarchae esse parituros. quid autem simile est in eorum dissensionibus; quas saepe usque ad mortem furiis agitati persequuntur. Itaque cum illi sint contentionum amantissi-

ani, quando Catholicis contingit cum haereticis disputare, hanc cautionem non inutilem esse censerem; ut prius cogeret haereticum suam opinionem argumentis cōfirmare. nam facilius multo erit ipsius argumenta refutare, quae magna parte sunt absurda; quàm contentioni contra tua argumenta ab haeretico susceptae finem imponere. nam illi nil magis urgent, quā nostrorum pastorum negligentiam, et infinita uitia; quae cum negare non possimus, monebimus, ut duos illos filios Noe, potius quam Cham imitentur, qui patris nuditatem non solum aliis non indicarunt, uerum nec propriis oculis aspexerunt; sed auersi, ut scribitur, eum texerunt; et propterea benedictione paterna fuerunt donati. ergo, si uolumus cum illis benedictionis effici participes, sic facere debemus; ut Pastores nostros auersi operiamus; hoc est, ut eorum uitia non approbemus, neque detrahendi studio prodamus. nam si ea ridere, et omnibus indicare uoluerimus, quod tamen isti ita faciunt, ut nihil aliud suscepisse uideātur, erimus potius maledictionis Cham, quam illorum benedictionis participes. quod si quis miretur, tantam haereticorum

rum multitudinem tam breui tempore in nationibus, de quibus nihil tale cogitabatur, extitisse, quod sane mihi saepe contigit mirari; ad hoc unum respiciens, fortasse animo erit posthac quieto et tranquillo, et in fidei sinceritate eo erit constantior, quo plures uiderit in tam magnos errores abstractos. Primũ, certum est in quibuscumque populis quantumcumque Catholicis et bonis, esse multo maiorem turbam malorum et sceleratorũ hominum, quam bonorum: ad hos cum notitia aliqua haereseos et erroris peruenit, facile ea tamquam propria quadã esca capti, in exitium ruunt. quod uero ad Deum attinet, perinde est, cum essent suis flagitiis perituri, an iis, an haeresibus in errorem abstracti ad tartara detrudantur. Ecclesiae uero prosunt aliquando potius hi, quam quod eam ullo damno afficiant. nam cum ante inter nos tamquam amici; et reuera hostes essent, uersabantur; plus nocere poterant, quã a nobis plane disiuncti et segregati. alterum, quod Catholici, cum uident se a tam multis acrius oppugnari, obfirmant animos; et orationibus ad Deum, sanctisq. et honestis actionibus, et sanctorum studiis se ipsos armãt con tra omnes haereticorum nugas, et uanas uerborum disceptationes; quod sane si aliquando contigit, nunc maxime dicere possumus in Catholica Ecclesia euenisse. nec uero metuenda est horum multitudo, cum multo plures et praestantiores essent tempore Constantii Imperatoris illi, qui a uera Nicenae Synodi fide desciuerant; quorum omnium opiniones, quia fallaces, et contra ueram religionem erant, ita euanuerunt, ut intra paucos annos nullus eius opinionis assertor fuerit; quae tamen ante habebat fere doctissimos quosque Graecos et Latinos Episcopos assertores. si ergo illa haeresis euanuit, dubitandum non est, hanc quoque euanituram. sed interim uult nos Deus probare per huiusmodi magistros, qui sunt aliquando homines ~~magnae eruditionis, et uitae ualde commendatae~~, quales depingit Moyses Prophetis, quorum uerba ait nullo modo esse audienda, quia, inquit, tentat uos Dominus Deus uester, ut palam fiat utrum diligatis eum in toto corde et tota anima uestra, an non? quem locum tractat elegantissime Vincentius Lirinensis, ita ut nulla nostra egeat explanatione. Tribus ergo nostrae huius disputationis partibus

bus expositis, restat, ut breuiter extremã quoque partem absoluamus: scilicet eorum Christianorum ueram esse religionem, qui nullam discessionem ab aliis fecerunt, sed ipsi in Patrum traditionibus permanserunt. ac sane certum est, eos qui discessionis et discidii sunt auctores, semper aliis esse deteriores. Ita cum in populo Israelitico a semine Dauid decem tribus cum Ieroboamo discessissent, semper illae deteriores iudicatae sunt; duae autem, quae cum Roboamo filio Salomonis permãserunt, quamuis Rex ipse non ita carus Deo fuerit, tamen cariores Deo, quam illae decem fuerunt. idem omnibus antiquis haeresibus contigit, quarum multae doctissimos, grauissimos, et potentissimos assertores habuerunt: quorum tamen opiniones non solum deteriores aliis habitae fuerunt, uerum etiam omnes extinctae sunt, atque euanuerunt. nemo enim, ut uere dixit Vincentius, haereses instituit, nisi qui se prius ab Ecclesiae Catholicae, uniuersitatis et antiquitatis cõsensione discerpserit. ergo cum constet nos a nulla paterna traditione discessisse, illos autem constet a nobis, cum quibus ante quinquaginta annos consentiebant, dei-

fecisse:

fecisse; efficitur, ut illorum nouitas sit respuenda, nostra antiquitas sit amplectenda, et conseruanda. sed respondent ipsi, si ea ratio ualeret; reprehendendi essent ueteres Iudaei, qui ab antiquis suis traditionibus defecerunt, et Christi Euangelium amplexati sunt. cuius tamen discessionis longe alia ratio fuit. Primum, Christus nihil in lege nouauit, sed quem illi sperabant, docuit uenisse; ac legem suo aduentu absoluit et perfecit, non mutauit. alterum, in quo est tota uis: Christus doctrinam suam euidentibus miraculis et per se ipsum, et per suos Apostolos editis confirmauit: quae nisi effecisset, nullum peccatum commisissent, si ei nullam fidem Iudaei adhibuissent; quod ipse Ioannis xv. capite clare profitetur: si opera nó fecissem in eis quae nemo alius fecit, peccatum non haberent. et alibi, si mihi non uultis credere, operibus credite. cum autem nulla huiusmodi miracula a nouis istis magistris edantur; cuius stultitiae et leuitatis est, eos neglecta omni antiquitate sectari? aut quaenam est ista tua impudentia homo omnium stolidissime, ut te Christo maiorem efficias? nam cum ille sibi non omnino noua docenti credi sine miraculis nollet,

tu uero

tu uero tibi plane noua fingenti credi sine ullo miraculo uelis; nonne te, omnium impudentissime, maiorem Christo conaris efficere? quo nihil scelestius, aut stultius excogitari potest. quid uero hi aliud iis dicunt, quos a nobis ad se trahere conantur, nisi quod olim alios haereticos refert dixisse Vincentius: uenite o insipientes et miseri, qui uulgo Catholici uocitamini, et discite fidem ueram, quam praeter nos nullus intelligit, quae multis ante saeculis latuit, nuper uero reuelata et ostensa est: sed discite furtim atque secrete, delectabit enim uos. quos quis erit ita stultus ut audiat, aut ita ad credendum leuis, ut eis credat? quales utinam non multi reperirentur. quaenam enim potest esse doctrina, quam ii furtim docent, cum dominus Iesus suam palam omnibus praedicarit? et quaenam quaeso est haec uestra uesania, ut contenti non sitis antiquitus tradita disciplina, sed nouam quotidie quaeratis, semperq. aliquid addere uel detrahere religioni gestiatis? quasi non caelestis sit, quam sufficit semel esse reuelatam, ita ut nulla emendatione, aut ulla humana additione opus habeat. Quid? Christus ipse, nonne aperte praedixit futuros, qui dicerent, ecce hic est Christus, ecce illic? quibus tamen admonet nullo modo esse credendum. et Paulus? nonne bis idem repetens, ut quantum illud asseueraret ostéderet, ad Galat.cap.primo dixit: sed licet aut nos, aut Angelus de caelo euangelizet uobis praeter quam quod euangelizauimus, anathema sit. an ita insanitis, ut hoc anathema non metuatis? sed scio quid isti dicunt: nos Euangeliú illud Pauli non sectari, sed ipsos esse ueros illius Euangelii sectatores; hic est eorum ahaeneus murus, quem facile, nisi fallor, euertemus. ante quinquaginta annos, cum Germani, Angli, ac Galli, cum Italis, et Hispanis omnibus in fide consentirent, erat hoc Euangelium de quo Paulus loquitur, an non? sine dubio dicetis apud eos fuisse; ne Patres omnes nostros eo anathemate dicatis fuisse perculsos: cú ergo nos illud idem Euangelium retineamus, uos nouum euangelium finxeritis, nonne huic anathemati subiacetis? nimirum subiacetis; sed duritia et obstinatione uestra uim illius, quae tamen est maxima, et ipsis Angelis metuenda, non sentitis. sed scio quid dicunt: si ita horretis omnia nouitatis studia, nihil ergo erat in bonis litteris

nouandum,

nouandum, sed quemadmodum patres nostri fecerunt, in dialectica, philosophiaq. fuerunt semper Petrus Hispanus, Maioris, Colonelli, et alii huiusmodi uersandi; et Theologia fuit ab Alcoto, et Bricoto, potius quam ex sacris ipsis, et ueterum Patrum libris haurienda: atqui nos, ut ipsi uidetis, hoc non facimus, apud quos multo plures sunt reconditae litteraturae scientia instructi, et sermonis elegantia exornati, quam apud uos: sed hoc cum facimus, noue, et melius aptiusq. quam maiores nostri loquimur, sed noua dogmata non commentamur. de qua re, uolo potius hic ea referre, quae scripsit uetus auctor doctissimus atque elegantissimus Vincentius, quam nostra inculcare. referens ergo sermonem Pauli ad Timotheum ait: o Timothee, o Sacerdos, o doctor, si te diuinum munus idoneum fecerit, ingenio, exercitatione, doctrina, esto spiritalis tabernaculi Beselcel: pretiosas diuini dogmatis gemmas exsculpe, fideliter coapta, adorna sapienter, adiice splendorem, gratiam, uenustatem: intelligatur te exponere illustrius, quod antea obscurius credebatur. per te posteritas intellectum gratuletur, quod antea uetustas non intellectum uenerabatur: eadem tamen quae didicisti, ita doce, ut cum dicas noue, non dicas noua. sed forsitan dicit aliquis; nullus ne ergo in Ecclesia Christi profectus habebitur religionis? habeatur plane et maximus; nam quis ille est tam inuidus hominibus, tam exosus Deo, qui istud prohibere conetur? sed ita tamen, ut uere profectus sit ille fidei, non permutatio. si quidē ad profectum pertinet, ut in semet ipsa una quaeque res amplificetur; ad perturbationem uero, ut aliquid ex alio in aliud transuertatur. Videtis sententiam Sanctissimi, doctissimi, et antiquissimi scriptoris: nunc uos ipsi iudicate, an multa ex fide, et dogmatibus Patrum nostrorum, quos certo scimus fideles fuisse, uos mutaueritis; an illa, caussa melius explicandi, illustraueritis? quis enim nescit, multa uos contra communem Nationum fidem, quae superiori aetate omnes in una fide cōsentiebant, mutauisse? efficitur ergo, ut non dicere aliqua noue, sed noua fingere uolueritis. cum ergo nos antiquum illud Pauli Euangelium, quod sine dubio ad Patres usque nostros manauit, sectemur, uos nouum uobis fingatis, fit omnino ut illo Pauli anathemate obstricti teneamini.

ni. cuius sane uim Angelis ipsis metuendam, nisi plane mortui essetis, sentiretis. uerum ut intelligatur, dissentientibus de fide Christianis; apud quos sit Catholica et uera fides, nemo melius quam idem Vincentius Lirinensis explicauit: quem propterea tam saepe cito, quia nullus breuius, doctius, et elegantius iis de rebus nos admonuit, et tractauit; cuius uerba transcribere non grauabor. In ipsa item Catholica Ecclesia magnopere curandum est, ut id teneamus, quod ubique, quod semper, quod ab omnibus creditum est, hoc est etenim uere proprieq. Catholicum, quod ipsa uis nominis ratioq. declarat, quae omnia uere uniuersaliter comprehendit. sed hoc ita demum fit, si sequamur uniuersitatem, antiquitatem, consensionem. sequemur autem uniuersitatem hoc modo, si hanc unam fidem ueram esse fateamur, quam tota per orbem terrarum confitetur Ecclesia: antiquitatem uero ita, si ab his nullatenus sensibus recedamus, quos sanctos maiores ac Patres nostros celebrasse manifestũ est: consensionem quoque itidem; si in ipsa uetustate omnium, uel certe pene omnium Sacerdotũ, pariter et magistrorum diffinitiones sententiasq. sectentur. quid igitur faciet Christianus Catholicus, si se aliqua Ecclesiae particula ab uniuersalis fidei communione praeciderit? quid itaque, nisi ut pestifero corruptóq. membro, sanitatem uniuersi corporis anteponat? quid si nouella aliqua contagio, non iam porciunculam tātum, sed totam pariter Ecclesiam commaculare conetur? tunc item prouidebit, ut antiquitati inhaereat, quae prorsus iam nō potest ab ulla nouitatis fraude seduci. quid si in ipsa uetustate, duorum, aut trium hominum, uel certe ciuitatis unius, aut etiam prouinciae alicuius error deprehendatur? tunc omnino curabit, ut paucorum temeritati, uel inscitiae, si qua sunt uniuersaliter antiquitus uniuersalis Ecclesiae decreta praeponat: quid si tale aliquid emergat, ubi nihil huiusmodi reperiatur? tunc operam dabit, ut collatas inter se maiorum consulat, interrogetq. sententias: eorum dumtaxat, qui diuersis licet tēporibus et locis, in unius tamen Ecclesiae Catholicae communione et fide permanentes, magistri probabiles extiterunt: et quidquid non unus, aut duo tantum, sed omnes pariter uno eodemq. consensu, aperte, frequenter, perseueranter,

ranter; tenuisse, scripsisse cognouerit, id sibi quoque intelligat absque ulla dubitatione credendum. quam rem iterum idem auctor, aliquā adiungens, non minus eleganter explicauit. Sed dicit aliquis, si diuinis eloquiis, sententiis, promissionibus, et diabolus et discipuli eius utuntur, quorum alii sunt pseudo apostoli, et pseudo prophetae, et pseudo magistri, et omnes ex toto haeretici, quid facient Catholici homines, et matris Ecclesiae filii? quonam modo in scripturis sanctis ueritatem a falsitate discernent? hoc scilicet facere magnopere curabunt, quod in principio cōmonitorii istius sanctos & doctos uiros nobis tradidisse scripsimus: ut diuinum Canonem secundum uniuersalis Ecclesiae traditiones, et iuxta Catholici dogmatis regulas interpretentur: in quo itē Catholicae Apostolicaeq. Ecclesiae sequantur necesse est, uniuersitatem, antiquitatem, consensionem. et si quando pars contra uniuersitatem, nouitas contra uetustatem, unius uel paucorum errantium dissensio cōtra omnium uel certe multo plurium Catholicorum consensionem rebellauerit; praeferant partis corruptioni uniuersitatis integritatem: in qua eadem

dem uniuersitate, nouitatis profanitati antiquitatis religionem, itemq. in ipsa uetustate, unius siue paucissimorum temeritati, primum omniũ generalia, si qua sunt, uniuersalis Concilii decreta praeponant. tunc deinde, si minus est, sequantur quod proximum est, multorum atque magnorum consentientes sibi sententias magistrorum; quibus adiuuãte domino fideliter, sobrie, sollicite obseruatis, non magna difficultate noxios, quosque exsurgentium haereticorum deprehendemus errores. Cum ergo his certis argumentis Sanctissimi, doctissimi, et antiquissimi scriptoris possit error atque insania haereticorũ nostri temporis deprehẽdi; his contenti, in traditionibus Patrum ac maiorum nostrorum, et ueteri antiquaq. Ecclesiae Catholicae disciplina acquiescamus; et aliorum omnium insanias et inepta commenta repudiemus, ac reiiciamus. Verum praeter ea quae supra ex Clemente Alexandrino et Vincentio Lirinensi adduxi, hoc argumentum magni est apud me momenti: quod quia ualde generale est, et non ad solos haereticos; uerum ad Iudaeos, Turcas ac Mahumetanos omnes, de quibus supra dixi, pertinet; constitui de eo paulo larius disputare. Semper populus ille, qui Deo carus habitus est, multis spiritualibus et internis donis abundauit: certissimumq. est, apud eos Deum esse non posse, qui omnibus huiusmodi bonis carent: nam cum Deus spiritus sit, non uisibilibus et corporalibus tantum; sed spiritualibus multo magis donis eos, quos caros habet replet et abundare facit: quibus etiam tempore suo, et cum illis commodum est, temporalia, tamquam res quasdam parui momenti donat, et, ut ipse ait, adiicit. Atque ut ab his incipiamus, quae fere omnes qui fide Christiana recte imbuti sunt apud se experiuntur; quis quaeso nostrum est, qui, cum peccata Sacerdoti confitetur, non magnam quandam leuationem sentiat; et cum sanctissimā Eucharistiam sumit, nō singulari quadam et spirituali laetitia perfundatur? quam laetitiam, et sensum internum non dico panis, sed nulla polenta, et nihil eorum quae creata sunt, et arte hominum condiuntur efficere unquam posset. unde necesse est omnino, ut in eo cibo maior quaedam uis, nempe spiritualis, et diuina adsit. hoc qui sentit, et intra se experitur, quo modo audire uoces insanorum hominū poterit,

qui

qui ibi nihil praeter panem esse persuadere conantur? Ego enim, cum in Epistolam quandam Pauli Vergerii impii hominis incidissem, in qua ille ei, ad quem scribebat, hoc uolens suadere, dicebat: crede mihi, nihil ibi est praeter panem, uix me potui continere, quin exclamarem: Ego tibi insanissime, et impudentissime omnium hoc credam; cum in eo diuinam uirtutem, quoties illud sumo experiar? de te, qui semper omni genere uitiorum inquinatus inter nos uixisti, ob quae postea iuste in haeresim et reprobum sensum incidisti, credo, quod in eo sacramento, ad quod semper indigne et sine ulla reuerẽtia accedebas, nihil praeter panem sensisti; at fideles, et qui ea qua possunt reuerentia ad illud accedunt, longe aliam uim, et diuinam omnino uirtutem in eo sentiunt, et experiuntur. hos ego uolo sectari, et hos uolo audire, non te, qui semper ad res omnes bonas stupidus, solum in rebus pessimis acutus fuisti. neque uero solum per sacramenta, sed aliis multis modis gratiam Deus suam nobis impartitur, ita ut diuinum auxilium nobis praesens esse sentiamus. quis enim in angore et moerore maximo positus ad Deum cõfidenter,

fidenter, et cum certa spe clamauit, et adiutus non est? hi enim tantum ab eo non iuuantur, qui sine fide ac spe ad Deum clamant: illis uero, quia fidelis eorum amicus et frater est Christus, negare se ipsum non potest. quos tametsi tu aliquãdo ab illis molestiis, in quibus adhuc uersantur, liberatos nõ uideas, ipsi tamẽ spiritu liberi, quia intrinsecus a Deo illustrati et fortes effecti sunt, non solum illa facile patiuntur, sed alia grauiora tormenta pro nomine Christi pati desiderant. Tales martyres, et ueteres illi Christiani fuerunt, quales etiam nunc multos cognoui, non uiros tantum, sed mulieres et uirguneulas, quae cũ grauissimos morborum dolores tolerarent, grauiores etiam pie et cum lacrymis a Deo postulabant, ut illis erga se, et erga uniuersam Ecclesiam diuina iusticia placaretur. qui de morte, cum illi proximi essent, laeti, ad diuinas promissiones respicientes, loquebantur; quam etiam post modum placide, et de omnibus Deo gratias agentes subierunt. horum similem si quem possunt proferre Iudaei, Mahumetani, aut Haeretici proferant: certo enim scio in tanta ipsorum multitudine, ne unum quidem reperiri posse. quòd si haere tici multos adducant, qui pro eorum opinionibus obstinate mortem obire solent, de iis uolo aliquid dicere, et signa quaedam indicare, quae ego in eis notaui: ex quibus clare intelligitur in ipsis non spiritum Dei, sed diabolum habitare, et ea omnia quae fortitudinem quandam prae se ferunt, in eis efficere. cuius rei cognitionem spero Catholicis nõ inutilem neque iniucundam futuram. In sanctis martyribus, ut ex antiquis scriptoribus, qui eorum cruciatus et obitum descripserunt, discere possumus, cum maxima fortitudine hae omnes uirtutes coniunctae apparebant; nempe modestia, et caritas quaedam singularis etiam erga illos ipsos a quibus cruciabantur. quod si quid aliquando acrius contra tyrannos loquebantur, uel ad refutandum diabolum, qui per eos saepe loquebatur, hoc faciebant; uel commoti, quod illi crudelitatem, quandam ferarum contra omnes Christianos exercerent, et non eos iuxsta leges et edicta a Principibus promulgata, punirent. quam enim iusta erat illa multorum martyrum responsio, etiam iuxsta illud ius quo tum Praesides utebantur, cum eis dicebant: si crimen est Christianum esse, ego

confiteor

confiteor me Christianum; punite iuxta leges confitentem reum; et ne tormentis abutamini; quibus tum utendum est, quando crimen negatur: uos autem uestris tormentis id agere uultis, ut quod uos crimen esse dicitis, nos diffiteamur. quod si crimen non est, ut uos ipsi ostenditis, cur innocentes impune occiditis? atque omnis martyrum cum tyrannis contentio, si recte consideres, ad aliquod horum capitum pertinebat. at isti homines, cum ad iusta supplicia rapiuntur, si recte animaduertas, id enim ego in multis diligenter notaui; nulla modestiae, et tranquillitatis animi signa ostendunt. nam alios uidi, ut se laetos ad mortem ire ostentarent, cachino ora distendere, et oculos huc et illuc contorquere, quod sane ab omni Christi actione, quem martyres praecipue imitari debent, alienissimum est. nam Christus ipse ob mortem tristis fuit, et filias Hierusalem respiciens fleuit: ac sane non est, nisi insani hominis, eo tempore cachinari. alii, etiam in ipso mortis articulo, ubi pro se, et pro nobis, si recte sentirent, eis orandum esset; non desinunt nos omnes, et Catholicam Ecclesiam maledictis configere, et mala nobis omnia imprecari. qua ſane in te non Chriſtum, et ueros martyres, ſed patrem ſuum Diabolum imitantur. alii, tametſi a maledictis, uel ui impediti, uel metu mortis abſtineant, tamen uultu, et toto corpore ferociam et minas oſtentant, uel ſtoliditatem quandam animi prae ſe ferunt. quae omnia a diuino ſpiritu alieniſſima ſunt: quo qui aguntur, eo maxime tempore ſingularem modeſtiam, et erga omnes caritatem, et maximã animi attẽtionem, et aduerſus Deum deuotionem oſtendunt. Verum praeter ea omnia quae ſupra diximus, eſt etiam hoc unum ualde conſiderandum, in quo iſti omnes plane a ueris martyribus diſſentiunt. hoc uero eſt, quod iſti ratione, et doctrinã ſacrorum librorum uicti, cum nil habent quod recte poſſint reſpõdere, obſtinatione quadam inſana aiunt, ſic ſe uelle agere, neque uelle ab ea praua perſuaſione recedere. at contra noſtri ueri martyres, qui pro Catholica fide uitam effundebant, ſemper parati erant ad reddendam rationem eius fidei quam ſectabantur, et pro qua mortem obire parati erant. neque umquam Spiritus ſanctus permittebat, eos etiam indoctos a doctiſſimis uiris ſuperari. notum illud

eſt et

est et uulgatum de sanctissima uirgine Catherina, quae multis doctissimis uiris diuina quadam uirtute fidem et doctrinam Christianam persuasit, cum illi eam uellent ipsi dissuadere. Itaque, si diuina aliqua uis in huiusmodi hominibus esset, ratione agerent, neque illam uocem plenissimam obstinationis et pertinaciae tam saepe proferrent: mihi ita placet, sic mori constitui. quod cum sit ab omni disciplina et modestia Christiana alienissimum, efficitur, ut huiusmodi homines non dei spiritu regantur, sed diaboli furore huc illucq. trahantur, uel potius discerpantur. uerum dicet aliquis, placent mihi omnia, quae supra dixisti, sed nō possum non mirari in istis hominibus, quod multi eorum tam facile, et tam libenter ad mortem currunt, cum natura omnes mortem horreamus: sed hoc alterū magis miror, quod in ipso mortis cruciatu, etiam cum pice calida uiui asperguntur, et sensim igni cremantur, quasi nihil sentire uidentur: quod si mihi, unde haec indolentia ueniat explicaueris, magna me quadam difficultate liberabis. Ego uero libentissime, quid de iis rebus intelligam, declarabo. prioris dubitationis, quod accurrant ipsi ad mortem caussa est obstinatio, uel leuitas animi, de quibus et eorum indiciis supra late tractauimus. nam promptitudinem ad mortem, quam in nostris martyribus efficiebat constantia et uirtus, eam potest in istis insanis hominibus efficere obstinatio. cum enim liberrimus sit animus noster, ita hac persuasione sicut illa afficitur. quod sane uerissimum est, et ad intelligendum est facillimum. illud de indolentia uidetur ad explicandum esse difficilius, nam nostros martyres in illis maximis doloribus fortissimos faciebat diuina uirtus et unctio, quae illos intrinsecus mirifice reficiebat: quin etiam multis adfuerunt Angeli, qui eis cruorem, cum uerberabantur abstergerent, et uulneribus mederentur. at in istis, quibus nulla diuina uirtus affulget, quam dicemus ipsorum indolentiae caussam esse? sane praeter id quod de obstinatione dici potest; nam qui obstinato sunt animo, eundem affectũ in corpus quoque, quantum ipsius natura patitur, transferunt, et corpus quoque ita obdurant, ut quasi nihil sentiant: sed praeter hoc, arbitror illam indolentiã ex stupore quodam membrorum, et totius corporis nasci. stuporem uero illum efficere

efficere potest diabolus, uenas et sanguinem refrigerando, seq. medium quodam modo inter cutem et sanguinem interponendo. Itaque cum in cute tantum cruciatus uersentur, et ad interna, diabolo prohibente, penetrare non possint, fit, ut uix dolor aliquis sentiatur. neque est absurdum uel iniquum, ut haec diabolus, eo maxime tempore, et in iis hominibus, qui se ei deuouerunt, efficere possit. nam cum eos totos absorpturus sit, facile hunc stuporé in eorum corpora immittere, et quod uult in eis efficere potest. hoc ergo discrimen est indolentiae illius, quae in nostris martyribus apparebat; quod haec ex interna unctione et Angelorum ministerio nascebatur, cum ista horum pessimorum hominum indolentia ex obstinatione illa animi, et stupore quodam a diabolo effecto ac procurato, oriatur. uerum quando ab iis difficultatibus, quae nobis de simulata haereticorũ fortitudine obiici poterant, emersimus; ad id quod praecipue tractandum susceperamus, reuertamur. aliquibus enim argumentis docuimus, propterea apud nos esse ueram et Catholicam fidem, quia apud nos multi dona interna et spiritalia sentiunt; cum Iudaei,

daei, Turcae, Haeretici, atque alii omnes nullum sensum habeant rerum spiritalium, sed tantū rebus mundi huius et terrenis capiūtur. et quia in priori illa parte cōmunia quaedam, et quae fere omnes Catholici experiuntur tractauimus, hic perfectiora quaedam, Deo iuuante, exponemus. In eo populo, quem Deus unice dilexit, semper multi fuerunt, qui prophetarent, et qui uisa quaedam caelestia uiderent. ita, cum tres pueri, Danielis tertio capite, desertum esse a Deo eum populum uellent demonstrare, in camino orantes dicebant: non est in tempore hoc Princeps, et dux, et Propheta. at contra cum de abundantia Spiritus sancti, quae in Catholica Ecclesia futura erat Iohel capite secundo uaticinaretur, dixit: et erit post haec effundam spiritum meum super omnem carnem, et prophetabunt filii uestri et filiae uestrae, senes uestri somnia somniabunt, et iuuenes uestri uisiones uidebunt: sed et super seruos et ancillas in diebus illis effundā spiritum meum. unde cum nūc apud Iudaeos nulli sint Prophetae, et nulli fuerint totis hisce mille quingentis annis, et nulli sint, qui uisione aliqua caelesti fruiti sint, aut fruantur; efficitur,

ut apud

ut apud eos nulla ueri Dei cognitio; et nulla uera religio poſſit inueniri. Ac ſane ad Iudaeos huius temporis referendum omnino eſt quod de ipſis Dauid Pſal.73. praedixit: ſigna noſtra non uidimus, iam non eſt Propheta, et non eſt nobiſcum qui ſciat uſque quo. ſic enim uertit hunc locum Hieronymus, qui ſenſum ac uerba haebraea aptiſſime interpretans eſt. nā praecipua ſigna quibus oſtēdebatur populum Iſraeliticum Deo carum eſſe, erant illa duo: quod in eo populo numquam deerant Prophetae, et in eo ſemper erant uiri legis diuinae peritiſſimi. hoc uero tempore, nempe poſt Hieruſalem a Tito euerſam, ad quod tempus haec Dauidis prophetia referenda eſt, ueriſſime Iudaei dicere poſſunt: ſigna noſtra non uidimus, non eſt ultra Propheta, et non eſt nobiſcum qui ſciat uſquequo: ideſt qui uel mediocriter ſacris litteris ſit imbutus. nam illud quod per illas uoces עד מה ſignificatur, latine non ſatis apte reddi poteſt. de Turcis uero, quod nullus apud eos Propheta, et nulla uiſio, aut ſpiritalis reuelatio umquā audita ſit, certius eſt, quam quod ab ullo ea de re dubitari poſſit. uerum in Eccleſia Catholica ab illo tempore Apoſtolorum

ſemper, ac Prophetae, et uiſiones reuelatio-
nesq; multae fuerunt. nam Cyprianus, qui aliquot annis poſt Apoſtolos uixit, multas uiſiones et reuelationes ſibi atque aliis oſtenſas a
Deo demonſtrat: in tractatu de mortalitate
ait: Cum quidam de collegis et conſacerdoti-
bus noſtris iam infirmitate defeſſus, et de ap-
propinquante morte ſollicitus cōmeatum ſibi
precaretur, aſtitit deprecanti et iam pene mo-
rienti iuuenis honore et maieſtate uenerabilis,
ſtatu celſus et clarus aſpectu, et quem aſſiſten-
tem ſibi uix poſſet humanus aſpectus oculis
carnalibus intueri, niſi quod talem uidere iam
poterat de ſaeculo receſſurus. et paulo inferius
de ſe ipſo loquens. nobis quoque ipſis mini-
mis et extremis quoties reuelatum eſt, quam
frequenter atque manifeſte de Dei dignatione
praeceptum eſt, ut conteſtarer aſſidue et publi
ce praedicarem, fratres noſtros non eſſe lugen-
dos acceritione Dominica de ſaeculo liberatos etc. Idem libro quarto epiſtola quarta. nā
illud oſtenſum eſt, quod ſederet paterfamilias
ſedente ſibi ad dexteram iuuene, qui iuuenis
anxius et cum quadā indignatione ſubtriſtis
maxillam manu tenens moeſto uultu ſedebat:
alius

alius uero in sinistra parte consistens rete porta bat, quod se mittere ut circunstátem populum caperet minabatur, et cum miraretur quid hoc esset ille qui uidit, dictum est ei: iuuenem qui ad dexteram sic sederet contristari et dolere, quod praecepta sua non obseruarentur: illum uero in sinistra exultare, quod sibi daretur occasio, ut a patre familias potestatem sumeret saeuiendi. hoc prius longe ostensum est, quam tempestas uastitatis huius oriretur, et uidemus impletum quod fuerat ostensum, ut dum Domini praecepta contemnimus, dum datae legis mandata salutaria non tenemus, facultatem nocendi inimicus acciperet, minus armatos et ad repugnandum minus cautos iactu retis ope riret. quin etiam ipse Cyprianus, sicut ex episto la nona libri quarti colligi potest, nihil magni momenti sine diuina reuelatione uel inspi ratione faciebat, quod ipse clare profitetur, et iis, quibus etiam tum hae reuelationes ridiculae uidebantur, respondet; quae responsio ad eos commode referri potest, qui nostro hoc tempore omnes huiusmodi diuinas reuelationes derident. communicationis tuae poterimus habere rationem manente tamen apud nos diuinae cẽsurae respectu et metu; ut prius dominum meum consulam, an tibi pacem dari, et te ad communicationem ecclesiae suae admitti sua ostensione et admonitione permittat. memini enim quid iam mihi sit ostensum, immo quid seruo obsequẽti et timenti de Dominica et diuina auctoritate praeceptum, qui inter cetera quae ostendere et reuelare dignatus est, et hoc addidit: itaque qui Christo non credit sacerdotem facienti, postea credere incipiet sacerdotem uindicanti. quamquam sciam somnia ridicula et uisiones ineptas quibusdam uideri, sed utiq. illis qui malunt contra sacerdotes credere, quam sacerdoti. sed nihil mirum, quando de Ioseph fratres sui dixerunt, ecce sominator ille uenit: nunc ergo uenite occidamus illum, et somniator postea quod somniauerat consecutus sit, et occisores ac uenditores confusi sint, ut qui uerbis prius non credidissent, factis postmodum crederent. Gregorius quoque Papa Sanctissimus lib. 2. epistola septima Paulino scribens clare ostendit, se magnas res, praecipue quae ad electionem et confirmationem Episcoporũ pertinebant, sine diuina reuelatione nõ egisse. Quo usque uero de

iis

iis quae a nobis praedicti filii nostri fienda postulant reuelãte domino deliberare possimus, clericos etc. Idem epistola duodecima eidẽ Paulino scribens. Sed quia utilitates eius summa cupio firmitate uallare, diuturna de hoc necesse habeo deliberatione tractare, ut eam digna possim ordinatione Christo reuelante disponere. huc quoque pertinet, quod Ambrosius sermone sexto in psal. 118. ait. Anima iusti sponsa est uerbi, haec si desideret, si cupiat, si oret, et oret assidue, et oret sine ulla disceptatione, et tota intendat in uerbum, subito uocem sibi uidetur eius audire quem non uidet, et intimo sensu odorem diuinitatis eius agnoscit; quod patiuntur plerumque qui bene credunt: replentur subito nares animae spiritali gratia, et sentit sibi praesentiae eius flatum aspirare quem quaerit, et dicit: ecce iste quem requiro, ipse est quem desidero. nonne cum aliquid de scripturis cogitamus, et explanationẽ eius inuenire nõ possumus, dum dubitamus, dum quaerimus, subito nobis quasi super montes altissima dogmata uidetur ascendere. dein quasi super colles apparet nobis, illuminat mentem, et infundit sensibus quod inueniri posse

difficile

difficile uidebatur. et sermone septimo eiusdē psal. nec quidquam est aliud quod uiuere faciat rationalem animam, quam alloquium Dei. sicut enim augetur sermo Dei in anima nostra, dum suscipitur, dum intelligitur, dum comprehenditur: ita etiam uita eius augetur. et quem ad modum e contrario alloquium Dei deficit in anima nostra, ita et incurrit eius uita defectum. et Hieronymus, nonne ipse Dominum sibi locutum saepe fuisse confitetur, cum ad Eustochium scribens ait: memini me clamantem diem crebro iunxisse cum nocte, nec prius a pectoris cessasse uerberibus, quam rediret domino increpāte tranquillitas. et paulo inferius: et ut ipse mihi testis est Dominus post multas lacrymas, post caelo oculos inhaerentes, nonnumquam uidebar mihi interesse agminibus Angelorũ, et laetus gaudensq. cantabam: post te in odore unguētorum tuorum currimus. Idem Hieronymus in sermone de assumptione beatissimae Dei genetricis, uisionem quoque quandam Paulae refert, de qua eam uehementer laudat. Ad praesepe quoque o Paula te teste, nato puero inter crepundia noui partus, et querellas nescii ploratus pro fe-

scenninis

ſcenninis gloria in excelſis Deo et in terra pax hominibus bonae uoluntatis multitudinem Angelorum cantantium audiuiſti, et radiantem ſtellam uidiſti: paſtoribus inſuper euangelizantibus credidiſti. Magos praeterea tria deferentes munèra in uiſione beatis oculis conſpexiſti; ipſa eadem munera bene intelligendo uotis omnibus fide Deo obtuliſti. nam et cum eiſdem Magis Deum puerum in praeſepio adoraſti. quis ergo contra hos tot et tam gràues auctores amplius dicere audebit uiſiones et reuelationes omnes ſomnia et nugas eſſe? uerum cum urgentur his ſanctorum ſententiis hi, qui haſce omnes temere damnant, eo confugiunt, ut dicát, ea tempore illo ſanctorũ fuiſſe: quaſi uero umquam Eccleſia ſine ſanctis uiris fuerit. ue enim nobis peccatoribus et imperfectis, niſi huiuſmodi uiri perfectiſſimi eſſent in Eccleſia, qui ſe auſu quodam pietatis pleniſſimo audent Deo pro nobis et pro tota Eccleſia opponere. et quid, ſancti illi ueteres, num homines nõ fuerunt? ſane fuerunt, ut de Helia Iacobus ait: quid ergo effecit ut Helias, Paulus, Cyprianus, Ambroſius, et Hieronymus, de quibus ſupra locuti ſumus, atque alii omnes ſancti

tam

tam magnas res et tam praeclaras effecerint? quid? diuina gratia, cuius ipsi cooperatores fuerunt, ne in ipsis ea ipsa gratia, ut ait Apostolus, uacua esset. ergo cũ idem sit nunc Deus qui tũ fuit, et is sit nunc status Ecclesiae, ut in ea uiri sanctissimi ualde necessarii sint, sane opportunum tempus est, in quo a Deo maxima dona sperare possimus; si pie, si reuerenter ea postulare atque etiam recipere, eisq. utiliter uti nouerimus. sed dicet aliquis, quid? ita ne putas suscipiendos esse eos qui uisiones et reuelationes dicuntur habere, ut omnibus sit credendum? minime uero, immo hac in re opto maximam diligentiam adhiberi, ut probentur spiritus, si ex Deo sint. scio enim etiam olim pro uno atque altero Propheta uerace multos pseudo prophetas extitisse, quod ex iis quae libro tertio Regum cap.22. habẽtur, ut alia loca omittam, clare potest intelligi; sed non propterea tum omnis Prophetia et omnis uisio reiecta fuit a piis hominibus, quod multo minus nunc faciendum est. ac sane his non multum credendum est, qui passim compendii alicuius caussa suas quasdam uisiones et reuelationes uendi-tant. nam hi, quibus uere diuinas hasce res da-

tur

tur uidere, eas quantum possunt occultant, ne que alicui narrant, nisi sperent eum, cui earum aliquid exponunt, utilitatem aliquam spiritalem inde esse percepturum. huiusmodi uisiones ac reuelationes multae Patrum nostrorum memoria ostensae fuerût Brigittae uiduae sanctissimae, et Catharinae Senensi uirgini admiratione dignissimae. nam uirgo, et monasticis uotis addicta legationibus apud maximos Principes functa est, quae etiam Auinione Romam Pontificem Maximum Gregoriû undecimum reuocauit, et ita pro utilitate omnium laborabat, ut curam omnium suscepisse uideretur. quae etiam tot libros edidit, et res alias maximas confecit, idq. intra triginta tres annos quos tantum uixit, ut, cum de ea cogito, multo magis ipsius uirtutem, quam Alexandri uictorias cogar admirari. uerû hac etiâ nostra aetate nô defuerunt, neque desunt, qui huiusmodi donis Spiritus sancti fruûtur. nam et Valentiae, et in Patria mea ego aliquos cognoui, quibus uere Dominus huiusmodi dona impartiebatur: quorum familiaritas et summ, et semper, cum eorû uitam et praecepta, quae ab ipsis accepi recordor, est mihi iucûdissima. hi enim sunt ueri amici, qui et praesentes et absentes, et uiui ac mortui prosunt. tales in Italia, et Romae non desunt, utinam maior ipsorum ratio haberetur. ac de quodam, qui etiam superstes est, uolo rem quandam admiratione dignissimam explicare, qua una clare intelligi potest, quae ipsi in animum influunt, a Deo uenire. Hic uir nullam artem illarum, quae inter doctos pro magnis habentur, didicit; immo uix fuit unquam grammatices praeceptis imbutus; ingenio tamen et iudicio ualuit semper, et nunc plurimũ ualet. quibus donis ornatus ante triginta annos coepit Deo seruire, quod ab eo tempore semper diligentissime et exactissime praestitit. ac superioribus annis uenit ei in mentem, ut ea quae orando meditabatur, describeret; quod etiã fecit, easq. suas meditationes multis doctis uiris ostendit; qui ei dixerũt illa uera esse, eademq. in libris Sanctorum Patrum reperiri. quod ipse, cum primum audiuit, suae imperitiae sibi conscius, ut ipse mihi retulit, admirari coepit; dein humiliter ac pie ad Dominũ cõuersus magnis uocibus clamabat: tuum hoc est Domine, nõ meum, qui nunquã hosce libros Sanctorum uidi. et cum, quid de

illis

illis meditationibus faceret, Dominum saepe consuleret, ab eo fuit admonitus, eas non ut suas, sed ut domini dona non esse negligendas: ac propterea rogandos sibi esse doctos uiros, quorum familiaritate utebatur, ut ei loca indicaret, in quibus ipsius scripta cum sanctis Patribus cōcordabant. quod factum est, et edidi fuerunt ab eo multi libelli optimi, et Ecclesiae Dei ualde utiles; qui etiã plures, et utiliores habet paratos: age nunc, dic quaeso mihi, quis negare potest, hoc argumēto clare demonstrari, eas meditationes à Spiritu sancto in illius animū fluxisse, et eius uitam Deo esse gratissimã, cuius mentē Diuini Spiritus radii tam saepe illustrant? de qua ego re plane nihil dubito, qui non hanc solum, sed multas alias praeclaras ipsius actiones probe cognitas habeo. cuius uitam, et egregia ac uere Christiani uiri facta, si ego ei superstes fuero, libentius quam Caesarum, atque aliorum quorumuis maximorum Principum describam. uerum ut hanc tractationem absoluam, iis omnibus, quae supra de diuinis reuelationibus, tam ex sacris libris, quã ex ueteribus, et nouis sanctis uiris dixi, hoc unum uolo demonstrare, ut quia haec Spiri-

iqs, sancti dona in multis nostrorum hominum reperiuntur, cum nulla neque apud Iudaeos, neque apud Mahumetanos, aut haereticos eorum uestigia appareant, inde efficiatur, nostram Ecclesiam Deo caram et electam
esse; reliquos uero esse hominum perdito-
rum, et quidem culpa sua pereuntium, conuentus tantum quosdam, et congregationes.

DE RATIONE HABENDI CONCILIA PROVINCIALIA: AC DIOECESANA,

ET DE HIS QVAE IN IPSIS PRAECIPVE SVNT TRACTANDA.

REVOCAVIT Synodus Tridentina Concilia Prouincialia, quae negligentia quadam omnium ecclesiasticorum ordinum, cum nullo Canone Concilii, nec decreto Romanorum Pontificum umquam prohibita fuerint, in desuetudinem abierant; ita ut iustissime de tanta negligentia boni omnes quererentur: quod iam suo tempore euenisse Ioannes Andreas, Hostiensis, Gulielmus Durandi, et Abbas Panormitanus Iurisconsulti praestantissimi, ac uiri optimi grauiter dolebant. uerum sicut accidere solet in rebus uetustate collapsis, ut facilius totae perdantur, quam quod refici commode possint; sic de hac uerendum est, ne ob antiqui et legitimi usus harum Synodorum ignorationem, ex ipsis nunc Ecclesia Catholica potius aliquid detrimenti; quam utilitatis accipiat. quod

quod ne eueniat, constitui hac tractatione omnia, quae ex canonibus et antiquis scriptoribus collegi, annotare. nam quod olim ex hisce cōciliis magnae utilitates in Ecclesiam redundarent, ex eo apparet, quod Licinius Orientis Imperator, ut progressum Ecclesiae Catholicae impediret, haec concilia prohibuit, sicut de eo in uita Constantini Eusebius scribit. Cum neque ita proficeret, neque reperisset, quam ob rem queri posset, legem promulgauit: ea uetabat, Episcopos inter se agere promiscue, uel ad uicinam Ecclesiam uenire: Concilia tollebat, ac si quid publice conduceret, hac de re omnē considerationem auferebat. et paulo post: qui enim illa magni momēti consilia, nisi conuentu constitui queant? quare, si iuxta antiquam consuetudinem haec concilia haberi contigerit, erunt omnino utilissima Reipublic. Christianae. Videamus ergo nunc, quaenam caussae olim praecipue in hisce conciliis, tractabantur; nam alia postea exponemus. in hisce conciliis ea praecipue tractabantur, et nunc etiam tractari debent, quae ad corrigenda uitia Episcoporum pertinent, maxime, si quid cōtra decreta generalium Conciliorum, aut ius commune

ab eis

ab eis fiat. nam alii, si deliquerint, facile ab ipso Episcopo per se, uel in Synodo dioecesana punientur, uerum Episcoporum caussae non facile alibi, quam in Prouinciali concilio tractari possunt. cumq. olim Episcopus non posset presbyterum aut diaconum, nisi cum consilio synodi dioecesanae deponere, ut est in Concilio Hispalensi secũdo Can. sexto: sic aequum nõ erat, ut Metropolitanus grauius aliquid contra Episcopum sine consilio totius prouinciae statueret. neque mihi aliquis dicat, hoc praeclare dici, sed fieri nullo modo posse; cum Episcoporum tantum futurum sit hoc Prouinciale concilium, qui sibi mutuo ignoscent; uerum enim hoc nõ est, quod Episcoporum tantum sint haec concilia: nam si iuxta antiquam consuetudinem fient, multo plures in eis habentes etiam uocem decisiuam, ut hoc uerbo utar, aderunt presbyteri tantum, quam Episcopi: de quo infra latius disputabo. hoc uero quod dixi, in his cõciliis praecipue tractandas esse querellas et accusationes contra Episcopos, et alios ordines ecclesiasticos docet Leo primus ep. 82. ad Anastasium Thessalonicẽsem scribens. De conciliis autem Episcopalibus nõ

aliud

aliud indicimus, quam quod Sancti Patres salubriter ordinauerunt: ut scilicet bini conuentus per annos singulos habeantur, in quibus de omnibus querellis quae inter diuersos Ecclesiae ordines nasci assolent, iudicetur: ac si forte inter ipsos qui praesunt de maioribus peccatis nascitur, quod absit, caussa quae prouinciali examine nequicat diffiniri; fraternitatem tuam de totius negotii qualitate Metropolitanus curabit instruere, ut si coram positis partibus nec tuo fuerit res sopita iudicio, ad nostram cognitionem, quidquid illud est, transferatur. uides, in hisce conciliis praecipue querellas et accusationes contra Episcopos, et alios ordines ecclesiasticos uoluisse tractari? maiora tamen crimina ab Episcopo Thessalonicensi, qui Sedis Apostolicae delegatus Visitator Orientis erat, ut ex ea epistola apparet, uoluit iudicari: quae si ab ipso commode finiri non poterant, ad Sedem Apostolicam iussit referri. atque in hac quidem extrema parte cōcordant, quae a Leone hoc in Canone dicuntur, cum iis quae in capite quinto Sessione 23. Concilii Tridentini constituta sunt, hoc etiā quod in hisce conciliis querellae omnes non solum contra

Episcopos,

Episcopos, uerum etiam contra quoslibet potentes uiros, tam ecclesiasticos, quàm laicos tractari consueuerint, demonstratur Canone tertio Concilii quarti Toletani: ex quo canone multa, quae ad haec Concilia Prouincialia pertineant, peti possunt. Omnes autem, ait, qui caussas aduersus Episcopos, ac iudices, ac potentes, aut contra quoslibet alios habere noscuntur, ad idem concilium concurrant, ut quaecumque examine Synodali a quibuslibet praue usurpata inueniuntur, Regii executoris instantia iustissime his, quibus iura sunt, reformetur; ita, ut pro compellendis iudicibus, uel saecularibus uiris, ad Synodũ, Metropolitani studio, quidam executor a Principe postuletur. ex quibus uerbis apparet, non solum de accusationibus, quae contra Episcopos, et alios iudices ecclesiasticos obiiciebãtur, sed de illis, quae contra iudices saeculares, et potentes, ac principes uiros adducebantur, fuisse tractatum, et iudicatum in Synodo Prouinciali. in qua aderat Regius executor, qui ea, quae statuta erant contra saeculares, exequeretur. quibus iudiciis ecclesiasticis nihil sane Regiae iurisdictioni detrahebatur, cum omnis executio per Regios executores fieret: immo Rex ipse magna molestia leuabatur, cum res grauissimae Regni sui, ex quibus aliquando tumultus populorũ oriuntur, optimorum ac prudentissimorum consilio, quales Episcopi illi erant, tractaretur. nam quantam curam conseruandae Regiae iurisdictionis optimi illi Episcopi habuerint, ex decreto ultimo illius quartae Synodi apparet. in quo grauissime contra quoscumque Regiam auctoritatem negligentes statuitur. itaque, ubi tales essent Episcopi, non male suo Regno consuleret Rex, si hoc eis iudicium contra praecipuos iudices saeculares, maxime cum nimium ab illis pauperes uexantur, permitteret. nam quod pauperum querellas negligere non possint Episcopi, aperte Can 31. eiusdẽ quarti Toletani concilii statuitur. Episcopi in protegendis populis ac defendendis impositam a Deo sibi curam non ambigant: ideoq. dum cõspiciunt iudices, ac potentes pauperum oppressores existere, prius eos sacerdotali admonitione redarguant: et si contempserint emendari, eorum insolentiam Regis auribus intiment, ut quos sacerdotalis admonitio nõ flectit ad iustitiã, regalis potestas ab improbitate coerceat. si quis

autem

autem Episcoporum id neglexerit, Concilio erit reus. Idem etiam in Carthaginensi quinto, Canone nono, et Africano, Can. 42. Conciliis habetur. itaque hanc caussam uexationis pauperũ negligere Episcopi nullo pacto possunt. prudenter tamen illis, maxime hisce temporibus, agendum est, ut de omnibus Regem certiorem faciant, et ab eo remedium adhiberi postulent. ad illud autem, quod controuersiae et accusationes, non leuiores illae quidem, sed neque huiusmodi, ut ad fidem, uel ad depositionem Episcoporum pertinerent, in his conciliis tractatae sint, faciũt fere omnes canones, quos Gratianus in distinctionem decimam et octauam retulit: nam si grauiores illae res in his agẽdae erant, necessaria semper fuit Romani Pontificis, uel Nuncii ipsius auctoritas. sic enim Symmachus scribit. Concilia sacerdotum ecclesiasticis legibus quotannis decreta per prouincias, quia praesentiam Papae non habent, ualetudinem perdiderunt. legistis insanissimi, aliquando in illis prouinciis maioribus praeter Apostolici apicis sanctionem aliquid constitutum; et nõ de maioribus negotiis ad consultationem; si quid occurreret, praefatae Sedis arbitrio fuisse reseruatum? pro qua re Sanctissimi Romani Pontifices summa contentione cum multis Patriarchis, praecipue Constantinopolitanis, quibus Imperatores valde fauebant, constantissime egerunt. propterea Iulius primus, quamuis Synodus Athanasium cōdemnasset, quia sine praesentia Legati Apostolici hoc factum erat, et appellatio ad Sedem Apostolicam recepta a Synodo non erat, damnationē istam nullam esse iudicauit. idem fecit Leo primus in caussa Flauiani Archiepiscopi Constantinopolitani; quem Dioscorus Patriarcha Alexandrinus in Concilio Ephesino secundo condemnauerat. nam cum Legati Apostolici repugnassent, quidquid actum fuit, omni robore caruit. eadem contentione Nicolaus primus contra Michaelem Imperatorem grauissime usus est, ut ex Nicolai doctissimis epistolis apparet. constat ergo ex his, quaenam sint in Conciliis Prouincialibus tractanda: nempe controuersiae inter ecclesiasticos, et illae quidē non leues, sed maioris momenti; et accusationes contra Episcopos, et alios iudices ecclesiasticos, maxime, si auctoritas Sedis Apostolicae intercedat, atque etiā saeculares, si

id Regi,

id Regi, exemplo Priſcorum Hiſpaniae Regum placuerit. uerum, quia ob deſuetudinem horum conciliorum, in aliqua prouincia poſſent nonnulla parua incommoda oriri, ualde mihi probaretur, ſi ad praecipuas prouincias, quo tempore haec Prouincialia Concilia habebuntur, aliqui docti uiri mitterentur, ut in eis Sedis Apoſtolicae nomine intereſſent, ne quid contra antiquam Eccleſiae conſuetudinem, et Sedis Apoſtolicae auctoritatem agatur. nam in illis conciliis prouincialibus, in quibus non adfuerant Sedis Apoſtolicae Nuncii, teſtatur Higmarus Archiepiſcopus Remorum, qui fere ante quingentos annos uixit, eos Patres miſiſſe ſua decreta ad Romanum Pontificem, ut ab eo confirmarentur. ſic enim, loquens de illis conciliis Africanis, in quibus Auguſtinus interfuit, ait. Horum autem conciliorum ſtatuta ab Africanis Patribus Romano Pontifici ad confirmandum directa leguntur, quae etiam adhuc in romanis exemplaribus, in duobus breuiariis collecta reperiuntur. unum cum ſubſcriptione 213. Epiſcoporum, et alterum cum ſubſcriptione 214. Epiſcoporum, utrumque autem cum Apoſtolica auctoritate firmatum. eadem

dem etiam breuiaria. Beatus Hadrianus Papa praedictis cum conciliis orientalibus Carolo Imperatori Romae ad dispositionem occidentalium Ecclesiarum tradidisse legitur. ergo et nos eadem pro authenticis et recipere, et obseruare debemus, quae Apostolica auctoritate firmata, Ecclesiisq. obseruanda directa indubitanter percepimus. quod igitur hoc in loco Higmarus testatum reliquit, nempe tradita fuisse illa concilia Africana Carolo, ut eadem cõsuetudo in Ecclesiis Occidentis seruaretur; nunc maxime inter Catholicos ualere debet: ut reuerentia illa maxima, qua sanctissimi Patres in Synodo Tridentina erga Sedem Apostolicam usi sunt, omni tempore eidem Sanctae Sedi exhibeatur. His positis, nunc ad quem spectet conuocare Prouinciale concilium, exponamus. Ad Metropolitanum proprie spectare Prouincialis concilii conuocationem clare in multis antiquis canonibus cõtinentur ca. si Episcopus Metropolitanus cum sequen. decima oct. distin. cum multis aliis. hoc uero quod de Episcopo seniore, Metropolitano legitime impedito, in decreto Synodi Tridentinae statuitur, aequissimum est; illud tamen in nullo antiquo

antiquo canone inueni! quod si Metropolitanus socordia, uel nequitia quadam, hanc conuocationẽ concilii negligeret, iudico; hoc quoque casu posse Episcopum seniorem coëpiscopos conuocare: nam, ad tollendam huiusmodi socordiam, plebi etiam quodam modo hoc permittendum esse in Sardicensi Concilio statuitur. Si forte in prouincia unum tãtum contigerit remanere Episcopum, superstes Episcopus conuocet Episcopos uicinae prouinciae, et cum eis ordinet, comprouinciales sibi Episcopos. quod si facere neglexerit, populi conueniant Episcopos prouinciae uicinae, et illi prius commoneant Episcopum, qui in eadem prouincia commoratur etc. uel sine ulla cuiuspiam uocatione, consueto tempore, ipsi per se Episcopi conuenire possunt, ut est expressum in cap. placuit 2. decima oct. distin. Primum uero concilium, quod habendum erit, in decreto ante citato Concilii Tridentini praecipitur intra annum haberi. in quo ea omnia constituenda erunt, quae ad rectam executionem decretorum huius Concilii pertinebunt. neque parum erit, si haec in eo cõcilio recte constituentur: deinde statuitur, ut saltem quolibet trien-

nio

nio concilia huiusmodi habeantur. Olim, cum prouinciae non adeo latae erant, bis singulis annis concilia huiusmodi habebantur, ut est in ca. de conciliis et ca. propter ecclesias cum multis aliis decima oct. distin. postmodum in sexta Synodo constitutum fuit, ut semel in anno haberentur, quod retulit et probauit septima Synodus, ut est in ca. quoniam quidem eadem dist. quod tēpus in hoc decreto ad triennium productum fuit, maxime ob Hispanos, qui latissimas habent dioeceses, et prouincias: apud quos satis erit, si singulis tribus annis, huiusmodi concilia habeantur. aliis tamen non est sublata facultas frequentius, et singulis annis, si ita Metropolitano uidebitur, cōueniendi. de tempore statuitur in eo decreto, ut post octauam Paschae resurrectionis incipiāt a suis ecclesiis recēdere hi, quos in Synodo interesse oportebit; ita, ut omnes Kal. Maii praesto sint in Metropolitana Ecclesia, uel in loco, ubi Synodus habenda erit. quod si Cathedrales fuerint ualde remotae a Metropolitana, sicut est in aliquibus prouinciis Hispaniae, omnino ad xv. Kal. Iunii adsint omnes parati, sicut in tertio Canone Concilii Toletani statuitur; ut saltem

ab eo

ab eo die concilium haberi incipiat. Satis autem erit, si in eo per mensem manserint, ut cōmode domum, antequam aestus sit molestior, redire possint. quod, si diligenter egerint, ut in eo canone praecipitur, multa negotia poterunt optime expediri. nam hora diei prima ante solis ortum uult ianuas templi esse obseratas, et in eo omnia esse parata, ut statim orto sole Episcopi, et alii sacerdotes conuenire possint. uerum hoc tempus, ut Synodus post octauam Paschae conuocetur, non ita statuitur, quasi nihil in hoc mutari possit: nam in aliqua prouincia poterit esse aliud tempus ad hanc rem efficiendam commodius, sicut fortasse erit ante quadragesimam, ut refertur in Niceno Concilio definitum in cap. habeatur 18. dist. uel mense Octobris, ut est in cap. propter ecclesiasticas. 1. uer. secundum uero, eadem distin. Propterea permittitur hoc decreto, ut eo tempore Synodus habeatur, quod cōmodius ei prouinciae fuerit. His positis, restat grauis quaedam, ac difficilis quaestio, nempe, quinam sint, quos de iure, uel antiqua consuetudine, praeter Episcopos, prouincialibus conciliis interesse oporteat; de qua fuit Tridenti multum inter Patres disputatum; sed ob temporis breuitatem nihil de ea potuit constitui: unde inter eos conuenit, ut uerba quaedam generalia in eo decreto apponerentur, ne cui ius suum auferretur, et ut daretur occasio doctis uiris eam rem ex ueterum monumentis eliciendi. quare, cum post eam Tridentinam disputationem, diligenter perquisiuerim, si quid in antiquis scriptoribus, quod ad hanc dubitationem spectaret, inuenire possem, aliqua notaui, quae animum meum ad certam sententiam adduxerunt, et ea dubitatione liberarunt. antiqua ergo haec, ex quibus, id quod in hac re agendum est, iudico uere colligi, prius tractabo: nec tamen ea, quae a nostris doctoribus de ea re dicuntur, praetermittam. Primum in eo Canone tertio quarti Concilii Toletani, haec uerba sunt diligenter animaduertenda. Et conuenientes omnes Episcopi pariter introeant, et secundum ordinationis suae tempora resideant: post ingressum omnium Episcoporum, atque cōsessum, uocentur deinde presbyteri, quos caussa probauerit introire: nullus se interim ingerat diaconorū. quo in loco uerba illa: presbyteri, quos caussa probauerit introire, ualde notanda sunt. nam

ut inter-

ut interessent simpliciter, uel ut aliquid peterent, quilibet presbyteri et diacones admittebantur, ut ex multis conciliis inferius demonstrabo: unde, cum hic de his presbyteris loquatur, quos caussa probat deinceps post Episcopos introire, et diacones omnes excludat; de electissimis, et probatissimis quibusdam presbyteris tractat, quorum ratio magna post Episcopos habita fuit in huiusmodi conciliis. dicet aliquis, uerum hoc est, sed ex illis uerbis nō docetur, eos presbyteros uocem habuisse decisiuam: fateor, uerum id ex his, quae subiiciam, demonstrabo. in Tarraconēsi Concilio, quod fuit prouinciale, cum pauciores presbyteri adfuissent, canone ultimo statuitur. Epistolae tales per fratres a Metropolitano sunt dirigēdae, ut non solum e Cathedralis Ecclesiae presbyteris, uerum etiam de dioecesanis ad concilium trahant. in quo concilio Nebridius Sacerdos Ecclesiae Egarensis, non tamquam procurator alicuius Episcopi, sed nomine proprio subscripsit. quod si quis uelit, ex hoc nō doceri illum Nebridium habuisse uocem decisiuam; dico: de Episcopis nihil amplius constare, nisi quod uocabantur ad concilium, et decretis ipsius subscribebant; idem cum reperiatur in presbyteris, non uideo, cur non idem de ipsis iudicandum sit, ac de Episcopis. nam in Synodis uniuersalibus, siue eas octo, tantum uniuersales appellemus, siue inter eas aliquot Toletanas, et Aurelianenses Episcoporum plurium prouinciarũ numeremus; numquam aliquis presbyter subscribit, quod ego ualde accurate in singulis consideraui; nisi idem sit alicuius Episcopi procurator. in prouincialibus tamen presbyteri nomine proprio subscribunt: ut in Tarraconensi, quam supra adduxi, in Turonica secunda, et prima Parisiensi apparet. In decima etiam Toletana Synodo, ex quibusdam uerbis, quae sunt in decreto pro Potamio Episcopo, apparet, illam caussam, quia in ea de grauissimo crimine Episcopi agebatur, a solis Episcopis fuisse tractatã. Tunc solitarie, secretimque, tantum adunatis Põtificibus Dei, praedictum Episcopum adesse coram nobis fecimus etc. ex quo colligitur, alias caussas, non a solis Episcopis, sed cõmuni consilio Episcoporum, et presbyterorum fuisse tractatas. ac sane, ut arbitror, olim non ea erat distinctio inter uocem cõsultiuam, et decisiuam, quam nostri homines nimium nium subtiles accuratissime tractauerunt; sed re probatissimorũ quorumcumque; tam Episcoporum, quã aliorum sacerdotũ consultatione tractam, id ab omnibus statuebatur; quod pluribus, sapientioribusq; fuerat probatum: nam Diuus Hieronymus, cum uellet ostendere, multum esse presbyteris tributum, et Gallorum Episcoporum superbiam uellet retundere, qui nihil presbyteris permittentes, sibi omnia arrogabant, in epistola ad Rusticum Narbonensem, sic ait: Presbyteri uero ab initio iudices negotiorum esse mandati sunt, presbyteri sacerdotum interesse debent conciliis: quoniam, et ipsi presbyteri, ut legimus, Episcopi nominantur. quo in loco, tametsi Hieronymus illud uerbum interesse conciliis usurpauerit, tamen ex tota ipsa sententia apparet, eum non ad cõsulendum tantum, uoluisse presbyteros interesse, sed ad constituendũ, et diffiniendum: nam prius dixit, presbyteros fuisse negotiorũ iudices, et post ait: presbyteros Episcopos uocatos; ex quibus uult ostendere, in conciliis idem esse iudicium, et idem suffragium Episcoporum, et presbyterorum. nam, si uim non haberet sententiae diffinitiuae, inane esset eorum

suffragium.

suffragium. uerum hoc expressum uerbũ diffiniendi probatis sacerdotibus attribuit Anselmus Lucensis antiquissimus decretorum collector in breuissima quadã annotatione, quam de modo habendi prouinciale concilium suo decreto adiunxit; in qua hoc ait. Sacerdotes, quos Metropolitanus eligebat, in Synodo prouinciali et iudicare, et diffinire poterant. Idem testatur Isidorus in libello quodam de ordine concilii, duobus in locis: primum his uerbis: Et corona facta de Sedibus Episcoporum, presbyteri a tergo eorum resideant, quos tamen sessuros secum Metropolitanus elegerit, qui utique, et cum eo iudicare aliquid, et diffinire possint. et paulo post. sicq. omnes, qui de religiosis in retroactis diebus pro spiritali instructione interfuerant in concilio, foris egrediantur, residentibus aliquibus presbyteris in concilio, quos Metropolitanus probauerit honorandos. quem Isidori libellum, quia non ita facile reperitur, et futurus est ualde utilis ad haec Prouincialia Concilia, totum huic nostrae disputationi subiiciam. id uero, etiam si ab his antiquis scriptoribus non diceretur, ratio ipsa conuincit: ut, quia soli Episcopi esse non debent, beant; hi sacerdotes, qui eligendi sunt, non ab alio, quam a Metropolitano, qui in Synodo praeest; eligi, ac probari possint: et quod hi uocem decisiuam, nec tantum consultiuam suffragium, habere debeant. nam si a Metropolitano indigni, ob ambitionem, uel ob priuatam cupiditatem affectum, uel ob litterarum imperitiam eligerentur, repugnari ei ab Episcopis, tamquam in re notorie iniqua posset: in his enim, quae notorie iniqua sunt, ut recte tradunt nostri doctores in c. fin. de coha. cleri et mu. gloss. et docto. in c. uestra eod: et saepe alibi, inferiores et subditi possunt iuste suis superioribus, ac Praefectis repugnare. quod si iuste, ac moderate in hisce eligēdis aget Metropolitanus, omnino ei Episcopos obedire oportebit. ac sane iudico, hanc rationem nō futuram esse ineptam; ut ex singulis Ecclesiis duo electi uiri, alter ex Cathedrali, et hic sit canonicus, dum tamē sit idoneus, et alter ex dioecesi eligantur; et singuli Abbates, uel Priores ordinum: qui omnes in magnis Ecclesiis poterunt eligi uiri egregii, et eruditione praestātes. ex Metropolitana uero poterit duplo maior numerus assumi: sic tamen, ut hi electi et probatissimi Sacerdotes eandem uocem consulti-

uam

uam et decisiuam, ut supra exposui, cum Episcopis habeant, hos uero in primo concilio celebrando eligat Metropolitanus: qui in fine concilii, ut hoc toti Synodo deferat, poterit cõ illum deliberatione statuere, quinam presbyteri, et Abbates ex singulis dioecesibus ad proximam Synodum sint uocãdi: quod si intra illud spatium aliquis eorum decedat, Metropolitanus cõstituat, quinam in demortui locum sufficiendus sit: quod si plures presbyteros praesentis admitti oportebit, quod erit necessarium in prouinciis, in quibus sunt pauci Episcopi, et sunt multi egregii, ac docti uiri, qualis est nostra Valentina, id recte a Metropolitano fieri poterit, nec ea de re iuste Episcopi conqueri poterunt: nam, cum multa in conciliis Prouincialibus agenda sint, in quibus, fortasse Episcopi contra Canones Concilii Tridentini, et aliorum Conciliorũ aliquid fecisse accusabuntur, durissimum profecto esset, si hae caussae a solis Episcopis tractarẽtur; quod iudicio meo, non solum durũ esset, sed iniquissimum, et contra antiquas Prouinciales Synodos, et antiquos auctores, quos supra adduxi: in quibus semper fit mẽtio presbyterorum in tractatione, et diffi nitione caussarum, quae in hisce conciliis tractabantur, et diffiniebantur. nam cum huiusmodi cōcilia maxime ad iuuandum Metropolitanum spectent, ut cum cōsilio plurimorum, et sapientissimorū uirorum ea constituere possit, quae in prouincia necessario constituenda erunt; iniquissimum esset; si Metropolitanus, praesertim cum Episcopi suffraganei non ita multi, aut non adeo sapientes uiri essent, aut de rebus ad Episcopos pertinentibus ageretur, non posset aliorum consilium postulare. quod quidem efficax nō esset, nisi eorum sententiae consultiuae, et decisiuae uocis uim haberent. Et quamuis eorum opinionem non sequor, quos tamē Hostiensis, Io. Andreas, et Imola in ca. graue nimis de praeben. et ca. fin. de his quae fi. si. con. ca. non omnino reiiciunt, qui dicebant, Episcopos in Synodo Prouinciali esse tantum assessores Metropolitani; hoc tamen constanter assero, Metropolitanis, in huiusmodi conciliis, multo plus; quam aliis Episcopis esse tribuendum. quibus; si hanc electionem probatissimorum presbyterorum non concedimus, non uideo, quid illis magnum, plusquam aliis Episcopis tribuamus. nam suffragium illorum nõ potest, nisi unius uim habere. cumq. in hac Tridentina Synodo, in multis capitibus potestas Metropolitanorum, qua ex stilo quodam contra ius multi abutebantur, iuste restricta sit, et ad iura antiqua reuocata; necessariũ est, ut haec ampla potestas, quam Metropolitani ex iure antiquissimo habent, eis cõseruetur; quo possint recte, ea, quae ad uniuersam prouinciam spectant, cõstituere. uerum hoc omnino necessarium est, ut hi, qui a Metropolitano eligentur, presbyteri sint, et reuera uita, ac doctrina sint probatissimi: tales enim solum permittitur ei eligere: qua quidem facultate, caueant Metropolitani, ne abutãtur: nam si quid ab ipsis contra Canones, et praecipue contra Concilium Tridentinum fiet, cum hoc sit notorie iniquum, poterunt de his, et aliis rebus notorie iniquis a Synodo grauissime reprehendi; ac si maius crimen fuerit, processus, et acta in Synodo recipi poterunt, ut ad Primatẽ, uel ad Sedem Apostolicam mittantur, ut auctoritate beatissimi Petri, quod iustum fuerit, statuatur. poterunt etiam alia plura, uel negligente ob socordiam, uel malitiose agente Metropolitano, per synodum tractari, ut malitia aliquo

rum

rum Metropolitanorum reprimatur, aut socor dia aliorum excitetur, et omnes Ecclesiastici or dines in officio contineantur. quae omnia pro pterea dico, et quia uera esse iudico; et, ut super bia omnis, et tyrannis ab ecclesiasticis Praefe ctis longe absit; cum sciant, non illis pro libi to, atque imperio, sed iuxta canones omnia es se facienda: hanc disputationem, de qua a no bis iuxta ea, quae ex antiquis monumentis an notauimus, fuse tractatum est; nostri doctores breuiter attingũt in c. graue. nimis de praeben. et in c. fin. de his quae fiunt a prela. sine cõsens. cap. Innocentii ea est sententia, ut putet, capi tula Cathedralium, nõ esse ad Prouincialia con cilia admittenda, nisi cum de eorum interesse agitur. ab eo Hostiensis, Io. Andreas, Butrius, Imola, Abbas Panormitanus dissentiunt; sed non multo plus illis tribuunt, quam Innocen tius, aiunt enim: eorum procuratorem ad tra ctatum admittendum esse iuxta uerba cap. fin. non tamen ad iudicandum, et diffiniendum. sa ne his doctissimis uiris ego libenter ignosco, si plene hanc rem non explicarunt. nam cum illi eos tantum canones tractarent, quos in ius cõ mune redactos habemus, atque in illis nihil clare et aperte de hac re constitutum uiderent, haeserunt: et tamẽ ex illis duobus canonibus, quidquid elici potuit, elicuerunt. nos uero certo, nisi fallimur, demonstrauimus, electissimos quosque sacerdotes, uel Cathedralis Ecclesiae, uel dioeceseos, quos Metropolitanus probaret, habuisse in cõciliis Prouincialibus uocem consultiuã et decisiuam: quod clare Isidorus, et Anselmus Lucẽsis locupletissimi testes fatẽtur, et aperte ex Tarraconẽsi Cõcilio, et subscriptionibus multarum Prouincialium Synodorũ apparet. illis uero eo maior fides adhibenda est, quia, cum ea ipsi scribebant, adhuc cõcilia Prouincialia in usu erant. nam ab Isidoro fuerunt aliquot Ispalensia Concilia habita. At contra, cum nostri doctores ea scripserũt, iam nullus erat usus conciliorum Prouincialium. unde mirandum non est, si rem, quae tota in usu posita erat, diuinare non potuerunt. ab ipsis tamen ego in ea parte nõ dissentio, cum dicunt, Canonicos, et capitulorum procuratores non esse ad uocem diffinitiuam admittendos; nam idem mihi quoque probatur, ut in hac re nulla habenda sit ratio canonicorum, quatenus sunt canonici; quia neque omnes canonici

possunt

possunt ad hasce Synodos uenire, et si possent, iustum non esset, ut omnibus canonicis tanta auctoritas tribueretur: uerum, si inter canonicos erunt aliqui presbyteri probatissimi, recte faciet Metropolitanus, si hos, potius quam alios elegerit. ac sane aequissimum erit, ut huiusmodi canonicorum maxima ratio habeatur. ratio uero, quae uidetur potissimum mouere aliquos ex nostris doctoribus, ut dicant, solos Episcopos habere uocem decisiuam; est, quia dicunt solos esse necessario uocandos ad huiusmodi concilia, et citant c. propter ecclesiasticas et c. quoniam 18. dist. in quibus tamen locis non dicitur solos, uel Episcopos tantum esse uocandos: nam quod essent uocanda capitula tempore Alexandri, quo tempore arbitror iam fuisse commutatam illam antiquam rationem tractandorum conciliorum; de qua supra disputauimus, clare habemus in c. fin. ante citato, ubi aperte dicitur: capitula debere inuitari. uocandi uero dicuntur Episcopi in illis locis, quia eorum uocatio nullo modo poterat praetermitti. quae tamen uocatio, ut ego arbitror, poterat fieri, edicto a Metropolitano proposito de Synodo consueto tempore habenda, neque

erat

erat singulorum Episcoporum uocatio necessaria. tametsi doctores in locis ante citatis uelint, hanc singularem uocationem, et citationem, ut ipsi dicunt, personalem esse necessariam, sed id non probant. de qua tamen re non uidetur mihi ualde esse contendendum, et rectius Metropolitanus fecerit, si singulos uocauerit. uerum in illis presbyteris, de quibus supra diximus, quantumuis illi omni genere uirtutum praediti essent, non erat certa eorum uocatio, sicut Episcoporum: sed quos Metropolitanus ex illis eligebat, eos tantum uocabat. unde in illis locis hi expresse nominati sunt, qui per se, et omnino uocandi erant; de his, quorum necesse erat praecedere electionem, nulla mentio facta fuit. praeter haec, illud etiam ualde notandum est, ut nullus presbyter, uel diaconus possit ab ullo Episcopo, quouis dolo impediri, quo minus ad Synodum ueniat. nam, nisi hoc prouideatur, uariis artibus mali Episcopi, quos de se queri uelle uidebunt, domi manere cogent: quod quidem contra antiquum morem horum conciliorum esset, in quibus, praeter illos probatissimos presbyteros, qui in omnibus, quae in Concilio agebantur, intererant; multi

multi alii presbyteri, et diacones aderãt: illi ni mirum, qui petere aliquid a Synodo, aut de aliquo conqueri uolebant. de quo, in capite decimo et octauo eorum, quae Martinus Bracharensis ex graecis Synodis collegit, sic habetur. Placuit per singulas prouincias bis in anno cõcilium fieri, conuocante Metropolitano Episcopo omnes prouinciales, ita, ut ad cõcilium procedant omnes presbyteri, et diacones. et in multis conciliis Romanis, et aliis prouincialibus clare dicitur, omnẽ clerum orationis tempore in Synodo interfuisse. et Isidorus, in eo libello, quem supra citaui, cum exposuisset, tribus primis diebus de expositione fidei agendum esse; a qua nullus excludebatur, de his, quae in sequentibus diebus agenda erant, tractans, ait. Sicq. omnes, qui de religiosis in retroactis diebus pro spiritali instructione interfuerant in concilio, foris egrediantur, residentibus presbyteris in concilio, quos Metropolitanus probauerit honorandos. unde illud omnino constituendum erit, ut cuiuis ecclesiastico, etiam contra uoluntatem proprii Episcopi, liceat ad Synodum uenire. nam si iniquam querellam attulerit, facile cognoscetur; neque

iustum

iustum est, ut ob mēdaces, uel ineptos aliquos accusatores, qui tamen puniri ob fallacem accusationem iustissime poterunt, alii, qui iuste ac recte de rebus grauissimis queri possunt, eiiciantur. quod, si Episcopi, et hi, quibus de iure dixi ad Synodum ueniendum esse, legitime nō impediti ad Synodum uenire neglexerint, ipso iure sunt excōmunicati, et tales possunt a Metropolitano declarari, et praecipi, ut ab omnibus uitētur: ca. si quis autem, cum aliquot aliis ca. deinceps sequentibus 18. distinct. illi tamen proprie excipiuntur in eo decreto Concilii Tridentini, qui in insulis habitant, et habent Metropolitanos in cōtinenti; ut, si euidens sit periculum Pyratarum, non cogantur transfretare. uerum hoc impedimentum iam intelligebatur ex illis uerbis canonis sexti Tarraconensis Concilii. Si quis Episcoporum commonitus a Metropolitano, ad Synodum, nulla graui necessitate intercedente corporali etc. tamen, ut iustior esset eorum excusatio, uoluerunt Patres hoc expresse in decreto apponi: quod si nullum magnum periculum pyratarum fuerit, et alias recte ualeant Episcopi, atque alii, quos ex insulis uenire ad Synodum oportet, non sunt

excu-

excusandi: cum commodissimum sit anni tempus post octauam Paschae ad nauigandum. caeterum ab his insulanis; siue affuerint, siue non affuerint in concilio; ea, quae in Synodo Prouinciali decernentur, seruanda erunt: cum enim de hac re nihil in decreto expresse statuatur, ita est ex iure communi intelligendum; praesertim, cum expresse hoc fuerit fere ab omnibus Patribus in sententijs dicendis declaratum. sed, ne exempti Episcopi uenire ad Synodum recusarent, aperte definitum est, quid sit Episcopis exemptis faciendum: quod, ut spero, ab omnibus bonis uiris omnino fiet; tum, ut decreto Synodi Tridentinae pareant; tum, quia nihil perit eorum exemptioni. ac sane esset indecorum, si tempore constituto, alijs omnibus Episcopis ad Synodos prouinciales proficiscentibus, ipsi soli domi sederent; et Ecclesiae illi non satis consuleretur, si ea, quae in Synodis prouincialibus, ad tollendos abusus, et punienda crimina constituerentur, in ea non reciperentur; et esset inhonestum, si reciperentur, cum eorum Episcopus, nulla legitima caussa impeditus, Synodo non interfuisset. unde, et ob utilitatem harum Ecclesiarum, et ob Episcoporum dignitatem, necessarium est, ut huiusmodi Episcopi ante proximam conuocationem conciliorum aliquem Archiepiscopum uicinum sibi eligant, cum quo Synodum, tamquam proprii suffraganei, habeant, quorum maximam rationem Synodus Tridentina habuit, cum hoc uoluntati eorũ reliquit, ut ipsi sibi Metropolitanum eligant, uerum si quis in eligendo negligens fuerit, quid fieri? nihil aliud fieri poterit, nisi, ut Sanctissimus Romanus Pontifex per suos Nuncios eis praecipiat, ut ante primam uocationem sibi Metropolitanum uicinum eligant, uel si nõ elegerint, ipsos ei subijciat, quem meliorem, et aptiorem iudicauerit, nam, cum sint exempti, a nullo, nisi a Maximo Pontifice cogi possunt. uerum, quia in prouincijs remotis ignorare poterit Romanus Pontifex, quid ab aliquibus huiusmodi Episcopis fiat; Metropolitani, ac uicini Episcopi poterunt eum de negligẽtia huiusmodi admonere, ut ipse eis praecipere possit; cum quo Metropolitano conuenire ad Synodum debeat. Huc usque non inepte, ut, arbitror, explicata sunt praecipua quaedam capita ad prouinciales Synodos pertinentia: sed antequam de dioecesanis dicam, nis dicant, uolo aliqua particulariter necessaria ad requisitionem eorum, quæ in Prouincialibus conciliis tractanda sunt, apponere. Porrò his, de quibus iam supra diximus, et quæ ex parte, quæ iam sint præter Episcopos ad Prouinciale concilium uocandi, uidetur magna ex parte satis dictum esse: sed restat, ut demonstremus, quo modo causæ olim tractabantur in huiusmodi conciliis, ut breui tempore, ac recte, multæ graues causæ expediri possent. In tertio capite illius quarti Concilii Toletani, post ingressum Episcoporum, et electorum Sacerdotum, ac notariorum, qui ad excipiendas Patrum sententias necessarii erant, exordium dicit esse sumendum ab oratione. Sedentibusq. in diuturno silentio Sacerdotibus, et cor tantum habentibus ad Deum, dicat Archidiaconus, orate: statimq. omnes in terram prosternentur. et orantibus diutius tacite cum fletibus, atque gemitibus, tunc unus ex Episcopis senioribus surgens, orationem palam ad Dominum fundat, cunctis adhuc in terra iacentibus. finita autem oratione, et responso ab omnibus Amen, rursus Archidiaconus dicat: erigite uos. et confestim omnes surgant, et cum timore, ac disciplina, tam Episcopi, quam

 pres-

presbyteri sedeant, sicq; omnibus in suis locis in silentio considentibus, diaconus alba indutus codicem Canonum in medio proferens, capitula de conciliis agendis pronunciet. eadem fere repetit Isidorus in eo libello, quem supra citaui, nisi quod, cum de oratione loquitur, eam totam adiungit, quae in Pontificali habetur, quae incipit. Adsumus domine sancte Pater. etc. et in fine numerat, quaenam essent ea capitula, quae de agendis conciliis recitabantur: sicq; omnibus in suis locis in silentio considentibus, Diaconus alba indutus codicem in medio proferens, capitula de agendis cõciliis pronunciet: idest de Concilio Toletano quarto, era 18. Item ex Concilio Toletano quarto, era 3. Item ex capitulis orientalium Patrum, quae Martinus Episcopus de graeco in latinum uertit, era 18. de Synodo facienda. Item ex Concilio Chalcedonensi era 18. Item ex Concilio Agathensi era 25. uel aliud de canonibus, quod Metropolitano aptius uisum fuerit, ut legatur. nomine uero erae, Isidorus singula capita intelligit, sicut saepe in Toletanis cõciliis legimus, quod et Higmarus annotauit. in illis uero omnibus canonibus habẽdas esse Synodos prouinciales

uinciales

uinciales statuitur. itaque legebantur, ut intelligerent Episcopi, et alii Sacerdotes, quibus canonibus cogerentur ad eas Synodos conuenire, post lectioné horum canonum, et in eo tertio canone, et in libello Isidori dicitur, exhortandos esse Patres a Metropolitano, quae exhortatio paulo longior est in Isidoro, quam in canone. adiungit etiam Isidorus. Post hanc exhortationem introibunt omnes, quicumque fuerint presbyteri, diacones, uel religiosi uiri ad audiendum doctrinam: sicq. Archidiaconus lecturus est canonem Toletani concilii undecimi, era prima: ne tumultu concilium agitetur. quo canone perlecto, Concilium Ephesinum ex ordine perlegatur: deinde collatio pariter, et instructio de mysterio Sanctae Trinitatis habeatur, simulq. et de officiorum ordinibus, si in omnium sedibus eiusdem celebritatis unitas teneatur. pro his quoque caussis, prout spatium diei permiserit, et epistolae Papae Leonis ad Flauianum Episcopum de errore Euthycetis, et mysterio Trinitatis, legendae sunt, Canones quoque de unitate officiorum: nec ad aliud aliquid antea transeatur, quam ista omnia explicentur. ita tamen, ut in totos tres

dies

dies Letaniarum nihil aliud agatur, nisi tractetur, de sola collatio de mysterio Sanctae Trinitatis, et de ordinibus sacris, uel officiorum
institutis: ita, ut haec tota partiantur per totos
illos tres dies; ut nihil aliud fiat, ut dictum est, nisi
sola quaestio, de his, quae praedicta fuere, habeatur. uerum in illo tertio canone quarti con
cilii Toletani, post exhortationem quandam
multo breuiorem ea, quae ponitur ab Isidoro,
nulla mentio est doctrinae, neque horum, quae
hisce tribus diebus fieri praecipit Isidorus. Sed
statim agitur de caussis, et de querellis propo-
nendis: ea tamen ratio Isidori mihi maxime pro
batur. ita, ut primo die pro Ephesino Concilio legatur totum Concilium Tridentinum, et
ea omnia fiant, quae in uigesima quinta Sessione cap. secundo reformationis in prouinciali
concilio facienda esse decernuntur. et, quia de
mysterio Sanctae Trinitatis nunc inter omnes
conuenit; pro illa collatione commodius tractabitur de Iustificatione, de Gratia, et Libero
Arbitrio, et de Sacramentis: quia in Concilio
Tridentino de his maxime agitur; et haec sunt,
de quibus maxima nobis est dissensio cum hae
reticis nostri temporis: illud quoque de Ordinibus

nibus sacris, et de proprio cuiusque officio, et de examine, et diligentia a propriis Episcopis adhibenda in ordinandis, diligentissime tractetur, quae omnia per duos dies, uel summum tres, ut ait Isidorus, recte tractari poterunt: nam totus dies, ut multa breui expediri possint, in hisce congregationibus erit ponendus. primo enim mane conueniendum erit; ita, ut ad horam prandij duret congregatio, et post prandium breui spatio ad quiescendum horae unius concesso, iterum ad congregationem, quae usque ad noctem duret, eatur. sic enim agendum est, si intra mensem, ultra quem non erit commodum prorogari huiusmodi concilia; aliquid agi uolumus. olim enim breuius tempus his concilijs dabatur, quia bis singulis annis habebantur, ut ex c. propter Ecclesiasticas colligi potest, quod et Praepositus annotauit. uerum nunc, cum per tres annos concilia prouincialia differri possint, iustum erit, ut in eis saltem mensis ponatur. sed haec obiter, nunc ad ea, quae ex Isidoro tractabamus, reuertamur. ad hanc collationem doctrinae, et instituторum, ut ex his, quae ab Isidoro dicuntur, apparet, omnes presbyteri, diacones, et omnes religiosi

religiosi, et ecclesiastici uiri admittebantur. unde post lectionem Concilii arbitror, ita tum factum fuisse, ut unus, atque alter praemeditati accederent ad exponendum aliqua de mysterio Sanctae Trinitatis, quae in Ephesino Concilio difficiliora intellectu uidebantur, quae omnibus tacentibus, tanquam a concionatore tractabantur. et ita faciendum puto de his, quae in Cōcilio Tridentino difficiliora erunt: ita, ut unus de fide et operibus unica congregatione, quantum poterit disserat; alter de gratia, et Libero Arbitrio: alii duabus, uel tribus congregationibus omnia, quae in Sacramētis difficiliora erunt, breuiter pertractēt. et post hanc fidei tractationem agatur de officiis singulorum ordinum ecclesiasticorum, et de omni ratione in eis seruanda. et sic cōstituatur, ut summum tribus diebus haec omnis doctrinae tractatio expediatur. de quarto uero, et de aliis diebus, sic admonet Isidorus. Post haec in quarto die reliquae caussae per ordinem admittendae sunt. sicq. omnes, qui de religiosis in retroactis diebus pro spiritali instructione interfuerant in concilio, foris egrediantur. residentibus aliquibus presbyteris in concilio, quos Metropo-

litanus

litanus probauerit honorandos. per singulos tamen illos tres dies Letaniarum, Episcopi, uel presbyteri cum admonitore primum orationibus se prosternant, sicq. collecta a Metropolitano oratione cõsurgant, et de diuinis tantum, ut dictum est, rebus collatio habeatur. in reliquis autem diebus cunctis astantibus oratio colligenda est. et sic consedentes, caussarum negotia iuste, et religiose colligant. itaque Isidorus uult, ut primis tribus diebus in oratione prosternamur, et in illis tantum collatio doctrinae habeatur: in aliis uero diebus, cum de negotiis tractandum erit, eam orationem uult adstantibus nobis recitari. uerum Synodus Toletana in eo tertio canone saepe citato, nullum huiusmodi discrimen constituit, neque orationis trium dierum, neque illius collationis doctrinae. nam loquens de primo die continenter post exhortationem, quam statuit a Metropolitano faciendam esse, ait. Tunc, si aliquis quamcumque querellam, quae contra canonem agit in audientiam sacerdotalem protulerit, non prius ad aliud transeatur capitulum, nisi primũ, quae proposita est actio terminetur. unde non ineptum iudicarem, si sic fieret: ut in prouinciis, in quibus multi sunt haeresi infecti, per tres, atque adeo plures dies, si opus esset, de doctrina fidei iuxsta decreta Synodi Tridentinae tractaretur: sic tamen, ut postea alia negotia, et correctio uitiorum, tam Episcoporum, quam aliorum non negligeretur. haec enim non minus proderit, quam illa fidei disputatio. in illis uero prouinciis, ubi nulla est de rebus fidei dubitatio, satis erit, si toto primo die post lectionem Concilii, de his, quae praecipua erunt, a duobus, aut tribus Theologis disputabitur; sic, ut altero die negotia tractari incipiant. nam hoc praecipue, et diligētissime in hisce conciliis curandum est, ut decreta in Synodo Tridentina edita omnino seruentur, neque ulla arte cuiuspiam, uiolentur: et si quid praeter illa decreta, quod ad mores spectet, statuetur, huc tendat, ut uetus ecclesiastica disciplina, quae tota in ea Synodo ob uarias aliquarum nationum calamitates restitui nō potuit; in prouinciis pacatioribus sensim restituatur. In Episcopis autem tria in primis uellem ualde examinari; etiam si nulla contra eos querella proponeretur, quia haec in Synodo Tridentina constituta sunt. si ex bonis ecclesiasticis ditant suos, uel pecuniam auare cumulant; aut alias male consumunt. si in ordinationibus seruant ea diligenter, quae sunt in Synodo constituta. si in prouisione beneficiorum habēt tantum rationem suorum familiarium, nō autem doctorum, ac bonorum; et praecipue, si fraudem ullam faciunt decreto de examine promouendorum ad beneficia curata. de quibus tam Metropolitanum, quam alios oportet reddere rationem; quia haec pertinēt ad executionem Synodi Tridentinae, quae ab omnibus praestādā est. ob quam seruandam Synodus prouincialis reprehendere grauiter Metropolitanum potest, quia nō sua auctoritate nititur, sed Concilii Vniuersalis. quod si in primo aliquis eorum grauius deliquerit, reuocandae erunt donationes ab eo factae, et si opus erit, ei oeconomus ex proprio clero iuxsta antiquos canones constituetur. uerum, si in duobus aliis peccauerit, iuste omni collatione ordinum, ac beneficiorum priuari poterit, c. graue nimis de praeb. iuxsta quem canonem agendum esse, tam contra Episcopos, et Capitula, quam contra Metropolitanos, si indignis beneficia conferant, decernitur Sessione septima, capite tertio reformationis. utitur enim nomine Ordinarii indefinite, quo nomine omnes intelliguntur. in aliis uero ecclesiasticis maxime prouidendum est, ut suis Episcopis obediant: sine obedientia enim nullus ordo, non solum in ecclesia, sed neque in aliqua priuata domo esse potest. et ut quilibet eorum pro sua uirili parte praestet ea, quae in Synodo Tridẽtina decreta sunt, et quae in ipsis prouincialibus Synodis statuentur. quod uero ad modum ipsum, et rationem tractãdi singulas caussas attinet, haec cuperem obseruari. primum, ut nomine Metropolitani, propositis edictis in singulis Cathedralibus suffraganeorum, moneantur illi, qui querellam aliquam, uel accusationẽ contra quoscumque proponere uolent, ut si id quod proponunt instrumẽtis probandum sit, ea domo afferant, et parati omnino ad cõcilium ueniant. quod si res testibus probanda sit, quam citissime accedant, ut audita eorum querella, si recipienda uideatur, mitti possint e Synodo commissarii, si ita opus fuerit, ad propria loca, qui testimonia fide digna recipiant, ut ante finem concilii reuerti possint, et caussa finiatur: ob quam rem primos dies oportebit his querellis audiendis dari, quae per testes probādae erunt: singulis uero Iuris canonici peritis, qui in Synodo aderunt, tot caussae committantur, quot uisum fuerit commode expediri posse. propterea, quo plures iuris canonici periti uiri ecclesiastici his Synodis intererūt; eo melius omnia conficientur. ac sane haec sola ratio, etiam si alia, quae supra adduxi, deessent, conuincere posset, alios presbyteros, praeter Episcopos adfuturos esse in hisce conciliis, ut eis multae huiusmodi caussae cōmitti possint. nam, nisi hoc fiat, in prouinciis, in quibus sunt pauci Episcopi, nullus posset esse usus conciliorum prouincialium; quod esset absurdum. eius uero, cui caussa committetur, cura erit; notare omnia, quae per instrumenta, uel testes probata erunt, ut ea toti Synodo referat; ut post, nomine totius Synodi, sententia proferatur. hoc tamen obseruandū erit; ut quando de caussa alicuius Episcopi tractabitur, et ipse, et alii omnes eius ecclesiae, qui Synodo intererūt, in ea caussa suffragiū non ferant. in aliis uero caussis propriae Ecclesiae auditi poterunt, nisi eos suspectos sibi esse aliqua partium iurauerit. uniuersim tamen obseruandum est, ut in Synodis huiusmodi, ledi leuiores caussae non recipiantur. satis enim erit, si accusationes grauiorum criminum Episcoporum, atque aliorum ecclesiastici ordinis, praesertim, si quid ab ipsis contra Synodi Tridentinae decreta fiet, diligenter tractentur; et iusta sententia contra eos, qui deliquerint proferatur. quod si fuerit caussa aliqua huiusmodi, quae non facile posse a Synodo expediri, poterunt iudices a concilio Prouinciali, qui eam finiant, constitui, ut est in fine quinti capitis 23. Sessionis Concilii Tridentini. praeter eas querellas, et controuersias, erunt aliqua alia in hisce Synodis constituenda, quae hoc loco annotare constitui; ut, si digna animaduersione iudicata fuerint, aliquid de his constituatur: sin minus, omittantur.

1 Primum omnium petatur a Regibus, seu aliis Principibus, quorũ prouincia erit, nomine concilii Prouincialis pro singulis Episcopis brachium saeculare, ad exequendum omnia, quae in Synodo Tridentina sunt decreta.

2 Constituatur in singulis prouinciis duo, quae Vir prudentissimus Reginaldus Polus Cardinalis, et Sedis Apostolicae Legatus in reformatione Angliae notauit, ac cum consensu Epi

scoporum

scoporũ Angliӕ decreuit; et cuiuis prouinciae erunt utilia, alterum est, in quo tamen aliqua, quae mihi aptiora uisa sunt, mutaui, ut infra spatium sex mensium ab Archiepiscopis, Episcopis, Archidiaconis, Decanis, Rectoribus parochialium, et aliis quaeuis ecclesiastica beneficia, seu pia loca obtinentibus per publicum notarium, et coram pluribus honestis, et fide dignis testibus cõficiatur inuentarium omnium bonorum, mobilium, et immobilium, iurium, actionum, ac nominum, seu debitorum ad ecclesias, uel pia loca, quae obtinent, aut regunt, quouis modo pertinentium, cum eorum qualitatibus, et confinibus: quod quidem inuentarium tertio quoque anno, et quoties in eadem ecclesia, seu pio loco aliquis succedit, renouetur. huius autem inuentarii, si sit Ecclesia Metropolitana, plura fiant publica instrumenta: quorum alterum in propria ecclesia penes Capitulum, alterũ in archiuio Archiepiscopi, et praeterea singula in singulis archiuiis Suffraganeorum seruentur. si uero fuerit Cathedralis, alterum a proprio Episcopo, alterum penes Capitulum, et tertium penes Metropolitanum custodiatur. in reliquis uero piis locis, et beneficiis:

ficiis: alterum in loco beneficii, & alterum in archiuio Episcopi seruetur. quod, si alij Ordinario inferiori subiectum sit beneficium, tertium penes ipsum Ordinarium maneat. quae omnia expensis obtinentium beneficia fiant. haec autem inuentaria Ordinarii in uisitatione penes se habebunt, ut diligenter inquirant, an eorum, quae in inuentario descripta sunt, aliquid desit. quod si quid deesse comperierint, id recuperare, seu ad ius pristinum ecclesiarum reuocare studeant: culpam, seu negligentiam cuiuslibet hac in re iuxta canonicas sanctiones seuere puniendo.

3 Vt praesentati a quibusuis patronis, tam ecclesiasticis, quam laicis, antequam ab Episcopo instituantur, sub hac forma iurent: quae tamen prius illis exhibeatur, ut eam recta intelligant. Ego N. praesentatus ad beneficium de N. iuro ad haec Sacrosancta Dei Euangelia per me corporaliter tacta, quod propter praedictum beneficium obtinendum, aut praesentationem ad idem habendum, aut acquirendum, neque Ego, neque alia persona ulla, ac nomine meo, nec de consensu, aut scientia mea, patrono, seu alii cuiquam aliquid praemiorum nomine,

mine, aut intuitu promisimus, aut dedimus, nec quidquam eius rei gratia permutauimus, compensauimus, aut prius datum confirmauimus, apud ue quemquã deposuimus, seu quidquam mutuauimus, seu elocauimus, priusue mutuatum, commodatum, depositum, aut elocatum, aut quocumque modo debitum remisimus, seu laxauimus; nec de sanctuario, gleba, domibus, terris, praediis, tenimentis, redditibus praedictae Ecclesiae, fructibusue, decimis, aut oblationibus eiusdem, praeteritis, praesentibus, aut futuris, donationem, remissionem, locationemue promisimus, fecimus, aut iniuimus, seu aliquis nostrum de mandato, scientia, aut consensu meo promisit, fecit, aut iniuit. ita me Deus adiuuet, et haec sancta Dei Euangelia.

4 Constituatur, ut Clerici eiusdem prouinciae possint ad beneficia cuiuscumque Ecclesiae prouinciae admitti, si idonei reperti fuerint; sic, ut data omnium rerum paritate, Dioecesanus alteri praeferatur. et in hoc nullum sit impedimentum Regiarum pragmaticarum.

5 Habita ratione 34. & 35. canonum Concilii Carthaginẽsis quarti, in quibus praecipitur

Episcopis, ne patiantur stare presbyteros ipsis sedentibus, statuatur: ut neque aperto capite stent coram Episcopis, aut, quod peius est, genu flexo eos alloquantur: quae omnia indigna sunt eo ordine, ac modestia Episcopali.

6 Constituatur etiam, ut templa maiorum ciuitatum, ad quae magna Populi multitudo conuenire solet, quo commodius poterunt, aptentur, ne facile mulieres ab adolescentibus uideri possint, et ne deambulationes in templis fiant, quae erunt ualde prohibendae, praesertim cum sacrificia fiunt, uel laudes Deo canuntur: hoc auté recte fiet, si totum templum, ubi fieri poterit, scamnis impleatur, ut uix spatium ad deambulandum relinquatur.

7 Sacerdotes, qui confessiones audiunt, nihil pro illis, etiam a sponte dantibus accipere possint.

8 Tractari poterit de sepulturis iuxta canonem 36. Bracharensis Concilii, eo cano. 17. Concilii Tiburiensis, ut intra Basilicam nō sepeliantur, nisi corpora sacerdotum, et optimorum uirorum, et quod pro huiusmodi sepulturis nihil praecipuum soluatur; alii omnes sepeliantur in Cemiterio: in uniuersum uero modera-

tio matio maxima adhibeatur in his, quae pro sepulturis soluuntur. in quo, pro consuetudine prouinciae, congrua remedia adhibeantur.

9 Adhibeatur moderatio nimiae impensae, quae in aliquibus prouinciis fit, in funere: et artificiosae quaedam lamentationes, ac luctus quidam gentilium, qui adhuc in nonnullis prouinciis uigent, prohibeantur.

10 Praeter dies dominicos, et festos aliquot beatae Mariae, et sanctorum Apostolorum, et aliquorum sanctorum, iuxta consuetudinem cuiusque prouinciae: in reliquis, poterit concedi pauperibus facultas audita Missa, cuiuscumque operis faciendi. in dominicis uero, et illis festis diebus prohibeantur omnes ludi, etiam pilae, et trochi; ut omnes ad templum, ad Missam, concionem, et lectionem doctrinae Christianae conueniant.

11 Declaretur pro ratione cuiusque prouinciae, quae ratio uersurarum possit esse, tam mercatoribus, quam aliis commoda; et alia omnia genera uersurarum, tamquam ad usuram pertinentium, graui poena prohibeantur. In prouincia uero Romana a Sanctissimo, uel in Concilio prouinciali Romano constituatur aliqua ra

[illegible] uersurarum, [illegible] [illegible] [illegible] oportear, in quibus [illegible] [illegible] [illegible] tur. Primum [illegible] [illegible] [illegible] [illegible] beat, [illegible] prouincia, [illegible] in [illegible] [illegible] ab aliquo [illegible] [illegible] solutionem [illegible] [illegible] ficiat in Metropolitana, uel in Cathedrali ab aliqua publica persona [illegible], si debitor [illegible] in pago aliquo remotior habitauerit, modo per publicum instrumentum de hac petitione constet; post quam petitionem, debet mediator certum tempus expectare, si sibi ab aliquo pecunia debita soluatur: alias enim, si a nullo solutionem [illegible] petat in prouincia, sed tantum [illegible] [illegible] ris quinque, uel etiam [illegible] mensium expectato; contractus hic natura, et origine sua [illegible] rius: alterum est, ut moderatio adhibeatur [illegible] mio interesse, quod a curialibus [illegible], [illegible] stituatur, ut idem, uel non [illegible] [illegible] esse soluatur a curiali, quam [illegible] [illegible] ribus: quid, si [illegible] [illegible] [illegible] honestis, ac probis uiris curialibus [illegible] re, prohibeatur istis, ut neque [illegible] possint ullas uersuras facere, [illegible] ipsi sint quidam publici serui ad [illegible] [illegible] [illegible], [illegible] cut notarii ad instrumenta conficienda, debent

honestis

[illegible] constitutionis; modo sibi recte caueatur, [illegible]
[illegible] sed ne ob hanc [illegible] rationem, ipso
quibus uolent, [illegible] pecunias possint, [illegible]
[illegible] formulas cautionis, et quae [illegible]
[illegible] possunt mercatoribus [illegible] obli-
[illegible] hoc iniquissimum est, et est [illegible]
festa iniuria, [illegible] eodem tempore, et ad eandem
[illegible] inter mercatores [illegible] alio
pretio, [illegible] curialibus, a quibus ac-
[illegible] cautionem. Tertium [illegible] in
quo [illegible] consuli oportet, est, ut si pecunia
in prouincia non soluatur, et curialis eam debet soluere Romae, omne damnum, quod in
[illegible] ex prouincia Romam transferenda inter mercatores eo tempore soluetur, ex tota
summa in curia soluenda detrahatur, cui rei, si
recte [illegible] consuletur, prouinciales, qui
in curia ad habendas litteras Apostolicas pecunia indigent, [illegible] releuabuntur, [illegible]
praeter id, quod officialibus Pont. Max. solue-
[illegible], tam in moderatum, [illegible]
[illegible] mercatoribus numerari oportet.

[illegible] De censibus quoque diligens disputatio [illegible] hi [illegible] adhibeantur, in [illegible]
[illegible] census [illegible] redditus datur, quan-

tum

religiosi, et ecclesiastici uiri admittebantur. un de post lectionem Concilii arbitror, ita tum factum fuisse, ut unus, atque alter praemeditati accederent ad exponendum aliqua de mysterio Sanctae Trinitatis, quae in Ephesino Concilio difficiliora intellectu uidebantur, quae omnibus tacentibus, tamquam a concionatore tractabantur. et ita faciendum puto de his, quae in Cōcilio Tridentino difficiliora erunt: ita, ut unus de fide et operibus unica congregatione, quantum poterit disserat; alter de gratia, et Libero Arbitrio: alii duabus, uel tribus congregationibus omnia, quae in Sacramētis difficiliora erunt, breuiter pertractēt. et post hanc fidei tractationem agatur de officiis singulorum ordinum ecclesiasticorum, et de omni ratione in eis seruanda. et sic cōstituatur, ut summum tribus diebus haec omnis doctrinae tractatio expediatur. de quarto uero, et de aliis diebus, sic admonet Isidorus. Post haec in quarto die reliquae caussae per ordinem admittendae sunt. sicq. omnes, qui de religiosis in retroactis diebus pro spiritali instructione interfuerant in concilio, foris egrediantur. residentibus aliquibus presbyteris in concilio, quos Metropo

litanus

litanus probauerit honorandos. per singulos tamen illos tres dies Letaniarum, Episcopi, uel presbyteri cum admonitore primum orationibus se prosternant, sicq. collecta a Metropolitano oratione cōsurgant, et de diuinis tantum, ut dictum est, rebus collatio habeatur. in reliquis autem diebus cunctis astantibus oratio colligenda est. et sic consedentes, caussarum negotia iuste, et religiose colligant. itaque Isidorus uult, ut primis tribus diebus in oratione prosternamur, et in illis tantum collatio doctrinae habeatur: in aliis uero diebus, cum de negotiis tractandum erit, eam orationem uult adstantibus nobis recitari. uerum Synodus Toletana in eo tertio canone saepe citato, nullum huiusmodi discrimen constituit, neque orationis trium dierum, neque illius collationis doctrinae. nam loquens de primo die continenter post exhortationem, quam statuit a Metropolitano faciendam esse, ait. Tunc, si aliquis quamcumque querellam, quae contra canonem agit in audientiam sacerdotalem protulerit, non prius ad aliud transeatur capitulum, nisi primū, quae proposita est actio terminetur. unde non ineptum iudicarem, si sic fieret: ut in prouinciis, in quibus multi sunt haeresi infecti, per tres, atque adeo plures dies, si opus esset, de doctrina fidei iuxta decreta Synodi Tridentinae tractaretur: sic tamen, ut postea alia negotia, et correctio uitiorum, tam Episcoporum, quam aliorum non negligeretur. haec enim non minus proderit, quam illa fidei disputatio. in illis uero prouinciis, ubi nulla est de rebus fidei dubitatio, satis erit, si toto primo die post lectionem Concilii, de his, quae praecipua erunt, a duobus, aut tribus Theologis disputabitur; sic, ut altero die negotia tractari incipiant. nam hoc praecipue, et diligẽtissime in hisce conciliis curandum est, ut decreta in Synodo Tridentina edita omnino seruentur, neque ulla arte cuiuspiam, uiolentur: et si quid praeter illa decreta, quod ad mores spectet, statuetur, huc tendat, ut uetus ecclesiastica disciplina, quae tota in ea Synodo ob uarias aliquarum nationum calamitates restitui nõ potuit; in prouinciis pacatioribus sensim restituatur. In Episcopis autem tria in primis uellem ualde examinari, etiam si nulla contra eos querella proponeretur, quia haec in Synodo Tridentina constituta sunt. si ex bonis ecclesiasticis ditant suos, uel pecuniam auare cumulant; aut alias male consumunt. si in ordinationibus seruant ea diligenter, quae sunt in Synodo constituta. si in prouisione beneficiorum habēt tantum rationem suorum familiarium, nō autem doctorum, ac bonorum; et praecipue, si fraudem ullam faciunt decreto de examine promouendorum ad beneficia curata, de quibus tam Metropolitanum, quam alios oportet reddere rationem; quia haec pertinēt ad executionem Synodi Tridentinae, quae ab omnibus praestā da est: ob quam seruandam Synodus prouincialis reprehendere grauiter Metropolitanum potest, quia nō sua auctoritate nititur, sed Concilii Vniuersalis. quod si in primo aliquis eorum grauius deliquerit, reuocandae erunt donationes ab eo factae, et si opus erit, ei oeconomus ex proprio clero iuxta antiquos canones constituetur. uerum, si in duobus aliis peccauerit, iuste omni collatione ordinum, ac beneficiorum priuari poterit, c. graue nimis de praeb. iuxta quem canonem agendum esse, tam contra Episcopos, et Capitula, quam contra Metropolitanos, si indignis beneficia conferant, decernitur Sessione septima, capite tertio reformationis. utitur enim nomine Ordinarii indefinite, quo nomine omnes intelliguntur. in aliis uero ecclesiasticis maxime prouidendum est, ut suis Episcopis obediant: sine obedientia enim nullus ordo, non solum in ecclesia, sed neque in aliqua priuata domo esse potest. et ut quilibet eorum pro sua uirili parte praestet ea, quae in Synodo Tridētina decreta sunt, et quae in ipsis prouincialibus Synodis statuentur. quod uero ad modum ipsum, et rationem tractādi singulas caussas attinet, haec cuperem obseruari. primum, ut nomine Metropolitani, propositis edictis in singulis Cathedralibus suffraganeorum, moneantur illi, qui querellam aliquam, uel accusationē contra quoscumque proponere uolent, ut si id quod proponunt instrumētis probandum sit, ea domo afferant, et parati omnino ad cōcilium ueniant. quod si res testibus probanda sit, quam citissime accedant, ut audita eorum querella, si recipienda uideatur, mitti possint e Synodo commissarii, si ita opus fuerit, ad propria loca, qui testimonia fide digna recipiant, ut ante finem concilii reuerti possint, et caussa finiatur: ob quam rem primos dies oportebit his querellis

audiendis

audiendis dari, quae per testes probādae erunt: singulis uero Iuris canonici peritis, qui in Synodo aderunt, tot caussae committantur, quot uisum fuerit commode expediri posse. propterea, quo plures iuris canonici periti uiri ecclesiastici his Synodis intererūt; eo melius omnia conficientur. ac sane haec sola ratio, etiam si alia, quae supra adduxi, deessent, conuincere posset, alios presbyteros, praeter Episcopos ad futuros esse in hisce conciliis, ut eis multae huiusmodi caussae cōmitti possint. nam, nisi hoc fiat, in prouinciis, in quibus sunt pauci Episcopi, nullus posset esse usus conciliorum prouincialium; quod esset absurdum. eius uero, cui caussa committetur, cura erit; aptare omnia, quae per instrumenta, uel testes probata erunt, ut ea toti Synodo referat; ut post, nomine totius Synodi sententia proferatur. hoc tamen obseruandū erit; ut quando de caussa alicuius Episcopi tractabitur, et ipse, et alii omnes eius ecclesiae, qui Synodo intererūt, in ea caussa suffragiū non ferant. in aliis uero caussis propriae Ecclesiae auditi poterunt, nisi eos suspectos sibi esse aliqua partium iurauerit. uniuersim tamen obseruandum est, ut in Synodis huiusmodi, ledi leuiores caussae non recipiantur. satis enim erit, si accusationes grauiorum criminum Episcoporum, atque aliorum ecclesiastici ordinis, praesertim, si quid ab ipsis contra Synodi Tridentinae decreta fiet, diligenter tractentur; et iusta sententia contra eos, qui deliquerint proferatur. quod si fuerit caussa aliqua huiusmodi, quae non facile possit a Synodo expediri, poterunt iudices a concilio Prouinciali, qui eam finiant, constitui, ut est in fine quinti capitis 23. Sessionis Concilii Tridentini. praeter eas querellas, et controuersias, erunt aliqua alia in hisce Synodis constituenda, quae hoc loco annotare constitui; ut, si digna animaduersione iudicata fuerint, aliquid de his constituatur: sin minus, omittantur.

1 Primum omnium petatur a Regibus, seu aliis Principibus, quorũ prouincia erit, nomine concilii Prouincialis pro singulis Episcopis brachium saeculare, ad exequendum omnia, quae in Synodo Tridentina sunt decreta.

2 Constituatur in singulis prouinciis duo, quae Vir prudentissimus Reginaldus Polus Cardinalis, et Sedis Apostolicae Legatus in reformatione Angliae notauit, ac cum consensu Episcoporum

scoporũ Anglie decreuit; et cuiuis prouinciae erunt utilia, alterum est, in quo tamen aliqua; quae mihi aptiora uisa sunt, mutaui, ut infra spatium sex mensium ab Archiepiscopis, Episcopis, Archidiaconis, Decanis, Rectoribus parochialium, et aliis quaeuis ecclesiastica beneficia, seu pia loca obtinentibus per publicum notarium, et coram pluribus honestis, et fide dignis testibus cõficiatur inuentarium omnium bonorum, mobilium, et immobilium, iurium, actionum, ac nominum, seu debitorum ad ecclesias, uel pia loca, quae obtinent, aut regunt, quouis modo pertinentium, cum eorum qualitatibus, et confinibus: quod quidem inuentarium tertio quoque anno, et quoties in eadem ecclesia, seu pio loco aliquis succedit, renouetur. huius autem inuentarii, si sit Ecclesia Metropolitana, plura fiant publica instrumenta: quorum alterum in propria ecclesia penes Capitulum, alterũ in archiuio Archiepiscopi, et praeterea singula in singulis archiuiis Suffraganeorum seruentur. si uero fuerit Cathedralis, alterum a proprio Episcopo, alterum penes Capitulum, et tertium penes Metropolitanum custodiatur. in reliquis uero piis locis, et bene

ficiis:

ficiis: alterum in loco beneficii, et alterum in archiuio Episcopi seruetur. quod, si alii Ordinario inferiori subiectum sit beneficium, tertium penes ipsum Ordinarium maneat. atque omnia expensis obtinentium beneficia fiant. haec autem inuentaria Ordinarii in uisitatione penes se habebunt, ut diligenter inquirant, an eorum, quae in inuentario descripta sunt, aliquid desit. quod si quid deesse comperierint, id recuperare, seu ad ius pristinum ecclesiarum reuocare studeant: culpam, seu negligentiam cuiuslibet hac in re iuxta canonicas sanctiones seuere puniendo.

3 Vt praesentati a quibusuis patronis, tam ecclesiasticis, quam laicis, antequam ab Episcopo instituantur, sub hac forma iurent: quae tamen prius illis exhibeatur, ut eam recte intelligant. Ego N. praesentatus ad beneficium de N. iuro ad haec Sacrosancta Dei Euangelia per me corporaliter tacta, quod propter praedictum beneficium obtinendum, aut praesentationem ad idem habendum, aut acquirendum, neque Ego, neque alia persona uice, ac nomine meo, nec de consensu, aut scientia mea, patrono, seu alii cuiquam aliquid praemissorum no-

mine, aut intuitu promisimus, aut dedimus, nec quidquam eius rei gratia permutauimus, compensauimus, aut prius datum confirmauimus, apud ue quemquã deposuimus, seu quidquam mutuauimus, seu elocauimus, priusue mutuatum, commodatum, depositum, aut elocatum, aut quocumque modo debitum remisimus, seu laxauimus; nec de sanctuario, gleba, domibus, terris, praediis, tenimentis, reditibus praedictae Ecclesiae, fructibusue, decimis, aut oblationibus eiusdem, praeteritis, praesentibus, aut futuris, donationem, remissionem, locationemue promisimus, fecimus, aut iniuimus, seu aliquis nostrum de mandato, scientia, aut consensu meo promisit, fecit, aut iniuit: ita me Deus adiuuet, et haec sancta Dei Euangelia.

4 Constituatur, ut Clerici eiusdem prouinciae possint ad beneficia cuiuscumque Ecclesiae prouinciae admitti, si idonei reperti fuerint; sic, ut data omnium rerum paritate, Dioecesanus alteri praeferatur. et in hoc nullum sit impedimentum Regiarum pragmaticarum.

5 Habita ratione 34. & 35. canonum Concilii Carthaginẽsis quarti, in quibus praecipitur

Episcopis; ne patiantur stare presbyteros ipsis sedentibus, statuatur: ut neque aperto capite stent coram Episcopis, aut, quod peius est, genu flexo eos alloquantur: quae omnia indigna sunt eo ordine, ac modestia Episcopali.

6 Constituatur etiam, ut templa maiorum ciuitatum, ad quae magna Populi multitudo conuenire solet, quo commodius poterunt, aptentur, ne facile mulieres ab adolescentibus uideri possint, et ne deambulationes in templis fiant, quae erunt ualde prohibendae, praesertim cum sacrificia fiunt, uel laudes Deo canuntur: hoc autē recte fiet, si totum templum, ubi fieri poterit, scamnis impleatur, ut uix spatium ad deambulandum relinquatur.

7 Sacerdotes, qui confessiones audiunt, nihil pro illis, etiam a sponte dantibus accipere possint.

8 Tractari poterit de sepulturis iuxta canonem 36. Bracharensis Concilii, et cano. 17. Concilii Tiburiensis, et intra Basilicam nō sepeliantur, nisi corpora sacerdotum, et optimorum uirorum, et quod pro huiusmodi sepulturis nihil praecipuum soluatur; alii omnes sepeliantur in Cemiterio: in uniuersum uero modera-

tio ma-

tio maxima adhibeatur in his, quae pro sepul
turis soluuntur. in quo, pro consuetudine prouinciae, congrua remedia adhibeantur.

9 Adhibeatur moderatio nimiae impensae,
quae in aliquibus prouinciis fit; in funere ctiam
artificiosae quaedam lamentationes, ac luctus
quidam gentilium, qui adhuc in nonnullis
prouinciis uigent, prohibeantur.

10 Praeter dies dominicos, et festos aliquot
beatae Mariae, et sanctorum Apostolorum, et
aliquorum sanctorum, iuxta consuetudinē cu
iusque prouinciae: in reliquis, poterit concedi
pauperibus facultas audita Missa, cuiuscumque operis faciendi, in dominicis uero, et illis
festis diebus prohibeantur omnes ludi, etiam
pilae, et trochi; ut omnes ad templum, ad Missam, concionem, et lectionem doctrinae Chri
stianae conueniant.

11 Declaretur pro ratione cuiusque prouin
ciae, quae ratio uersurarum possit esse, tam mer
catoribus, quam aliis commoda; et alia omnia
genera uersurarum, tanquam ad usuram pertinentia, graui poena prohibeantur. In prouin
cia uero Romana a Sanctissimo, uel in Concilio prouinciali Romano constituatur aliqua ra

ctio censurarum, quia [illegible] uti moderate oc-
oportet, tum quia haec tota res odiosissima uideatur.
Primum, ut [illegible] in solidum de-
beat, sed in prouinciam, ubi in partibus, ut stat communiter,
ab aliquo petiisse solutionem, et requisitionem etiam sufficiat in Metropolitana, uel in Cathedrali ab
aliqua publica persona petiisse; si debitor in longe aliquo remoto habitauerit, modo per publicum instrumentum de hac petitione constet:
postquam petitionem, debet mediator certum
tempus expectare, si sibi ab aliquo pecunia debita soluatur: alias enim, si a multo solutionem
petat in prouincia, sed tantum lapsum temporis quinque, uel etiam sex mensium expectet,
contractus hic natura, et origine sua esset usura-
rius. alterum est, ut moderatio adhibeatur in
[illegible]nio interesse, quod a curialibus exigitur, et constituatur, ut idem, uel non multo maius interesse
esse soluatur a curiali, quam soluerit [illegible]
ribus: quid, si [illegible]
honestis, ac probis uiris curialibus pecuniam [illegible]
re, prohibeatur istis, ut neque [illegible]
ullas censuras facere, nam per [illegible] quidam
publici [illegible]
cum notarii ad instrumenta conficienda, debent

honestis

honestis uiris; modo sibi recte caueatur, eas non negaret: sed ne ob hanc cauendi rationem, ipsi quibus uolent, negare pecunias possint, constituenda Principe forma cautionis, et quae exceptiones possint mercatoribus curiales obiicere. Illud sane hoc in loco iniquissimum est, et est manifesta usura, ut eodem tempore, et ad eandem diem, aliter computetur inter mercatores [illegible] alio pretio, et alio fiunt cum curialibus, a quibus accipiunt [illegible] cautionem. Tertium, in quo commune consuli oportet, est, ut si pecuniae in prouincia non soluantur, et curialis eam debeat soluere Romae, omne damnum, quod in pecuniis ex prouincia Romam transferenda inter mercatores eo tempore soluetur, ex tota summa in curia soluenda detrahatur. cui rei, si recte, ut confido, a Pontifice consuletur, prouinciales, qui in curia ad habendas literas Apostolicas pecunia indigent, magno onere leuabuntur, ut nec praeter id, quod officialibus Pont. Max. soluere debent, tam immoderatum, ac iniquum interesse mercatoribus numerari oporteat.

De censibus quoque diligens disputatio habenda est, ut hi tantum admittantur, in quibus [illegible] ratum reditus datur; quan tum ex praedio aliquo perciperetur, pro rata ejus pecuniae, quae census nomine data est: hoc enim tantum casu puto licere uti huiusmodi contractu, sicut multo ante Innocentius in c. in ciuitate de Vsu. annotauit. utrum, si quo alio casu liceat, diligenter uideatur: nam haec res latissima est, et ad multos spectat.

13 Vt nullus ad Ecclesiam admittatur, sed omnino prohibeantur aditu Ecclesiae, qui ex arte inhonesta, et canonibus prohibita quaestum faciunt, contra quos Episcopi, nō obstante quacumque longissima consuetudine, seu potius corruptela, iuxta canones procedant: et tales in primis habeantur, qui uersuras contra id, quod in Synodo, uel in Curia a beatissimo Romano Pontifice constituetur, facient.

14 In quacumque ciuitate constituatur aliquis locus publicus, in quo acceptis pignoribus, pauperibus mutuo pecuniae aliquae dentur. ita, ut illud interesse tatum soluant, quod debebitur his, qui ea, quae necessaria erunt curabunt. quod interesse non excedat quattuor, uel quinque pro cētenario singulis annis. quae loca montes pietatis in Italia nominantur; et constitui omnino deberet in Hispaniis, et aliis

prouinciis:

prouinciis: cum ex depositis diuitum, si per bonos uiros gubernētur, facile cōseruari possint.

15 Licentia illa Bacchanaliū, quia multi in illis diebus ante quadragesimā in plerisque prouinciis nimium abutuntur; ex quo magnum scandalum oritur apud Iudaeos, et Turcas, qui talia a nobis fieri uident, si plane non tollitur; reprimatur. ita, ut ecclesiasticis, sub poena priuationis ordinum, et beneficiorum, quae obtinent, in quam ipso facto incidant, ne personati incedant; et mulieribus sub poena excommunicationis, et aliqua poena corporali idem interdicatur. adolescentibus uero tres tātum, uel quattuor dies ad illas nugas permittantur.

16 Prohibeatur, ne uiri cum feminis in balneis lauentur; sed sint separata balnea mulierum, quae a mulieribus lauentur, et poenae grauissimae habentibus balnea, si aliter fecerint; et ipsis, qui ad lauandum cum feminis accedent, constituantur. nam huius rei primam fuisse reprehensionem, qua Christiani gentiles arguebant, dicitur in Concilio Laodicensi canone xxx.

17 Meretrices non essent ad templa admittendae, quo tempore Missae celebrantur, cum omnes

[illegible] publicae [illegible] ab [illegible]-
dis sint, prohibeantur quoque ad [illegible],
cum [illegible] capaces, [illegible]
aspectu [illegible] esse [illegible]
vestitus [illegible]
[illegible] mulier-
ses vivunt, interdicendae. nam pauperculae ado-
lescentulae, cum eas ita ornatas vident, beatas
esse putant. et si fieri posset, omnes in unum lo
cum essent retrudendae, ne infames mulieres
in loco infami morarentur; quo multi ob loci
infamiam accedere erubescerent.

18. Pugnae illae insanae hominum cum
Tauris, atque aliis feris, quae speciem habent
illorum ludorum gentilium, ad quos spectan-
dos aliquando Episcopi accedunt, omnino prohibeantur.

19. Ut nota quaedam ab Episcopis, et omni
bus ecclesiasticis auferatur, ne ipsi servare frumentum diutius, quo illud carius vendant;
statuatur, ut omne frumentum ecclesiasticorum vilius aliquanto debeat pauperibus ven-
di, quam laicorum, id vero intelligatur, si libe
re [illegible] laicorum; quod si pretium constitutum fuerit a iudicibus saecularibus, pretio
habeatur

[illegible] ipsi [illegible]
[illegible]
[illegible] ipsi [illegible] in
[illegible]
[illegible]
[illegible]
[illegible] Synodis [illegible]
[illegible]
[illegible]
[illegible]
[illegible]
[illegible] rustici [illegible]
[illegible]
[illegible] ita
[illegible]
[illegible]
[illegible] in Synodo prouinciali [illegible]
[illegible] priuilegiorum ca-
[illegible] particulari-
[illegible] priuilegii [illegible]
[illegible]
[illegible] Conci-
lio prouinciali [illegible] nullo mo-
[illegible] in hac
[illegible]

Q Quod

[illegible] Quod [illegible] sessione [illegible]
[illegible] reformatione [illegible]
[illegible], qui [illegible]
cionem sacrorum Ordinum [illegible]
[illegible]
negotiis [illegible] ecclesiasticis [illegible]
notarii, Episcopus [illegible]
bent [illegible] cum sit [illegible], eo in dignitate beni-
gnitate ecclesiastica, ut non [illegible]
[illegible] ecclesiastic[illegible],
[illegible]

21 Ubi commode [illegible]
[illegible] Fabiani Papae, ut fideles ter
in anno communicent, quod etiam [illegible]
[illegible] Episcopus, [illegible] presbyteris [illegible]
[illegible], et in publicis capellis Missas celebrando, et aliis libenter [illegible] Eucharistiam communicando, quod quidem [illegible]
exempli [illegible] Episcopis [illegible]
[illegible]
[illegible] bonorum
fraternitatum, et [illegible]
[illegible]
[illegible] libris [illegible]
ad benedictionem [illegible]

sto et

[illegible] ca
[illegible]
[illegible]
[illegible]
[illegible]
[illegible]
[illegible]
[illegible]
[illegible]
[illegible]
communicent; [illegible]
[illegible]
[illegible] Sedis Apostolicae [illegible]
[illegible] concilia [illegible], quo modo [illegible]
[illegible]
[illegible]
[illegible]
[illegible]
[illegible] Episco-
pi, aut alii omnes ecclesiastici [illegible] Sedis Apostolicae dignitate [illegible] in periculum [illegible], ipsos suam
dignitatem [illegible]

26 Vt certius Synodus norit res alias, quae
reformatione [illegible] Metropo-
[illegible]

re[illegible] Deo [illegible] singulis [illegible] Metropolitano [illegible]
quos [illegible] Synodis
[illegible] quaecunque [illegible]
[illegible] doctrina [illegible]
quae commode in Synodo corrigi [illegible]
habentur. hoc. Episcopus in Synodo [illegible]
nam, [illegible] proprium uideatur esse [illegible]
[illegible] Synodi, [illegible] idonei [illegible]
in prouinciali [illegible]

Haec uniuersim mihi uisa sunt digna nota-
tione, de quibus in Synodis prouincialibus a-
cte, pro cuiusque prouinciae ratione [illegible]
possit. cetera Reuerendissimi Episcopi, ad quos
proprie cura haec pertinet, prouidebunt. Verum [illegible] ea, quae in dioecesana Synodo agenda sunt, aggrediar, [illegible]
ordinationibus, et nonnulla alia ad prouinciales Synodos spectantia, ex Concilio [illegible]
no [illegible] excerpta annotare.

DE ORDINATIONIBUS.

Ordinationum, [illegible] magna [illegible] habi-
tam [illegible], ex plurimis antiquis canonibus [illegible]

ex li-

ex libello [illegible] quidam [illegible]
[illegible] apparet [illegible]
Synodis prouincialibus diligentissime [illegible]
[illegible]
[illegible] Episcopos, [illegible] alios, [illegible]
[illegible]
in [illegible]
[illegible] generalis Concilio [illegible] quae ad
ordinationes pertinent, ab Episcopis seruentur,
[illegible] quo facilius ab omnibus
intelligantur [illegible] de his
in Conciliis prouincialibus inquiratur [illegible]
[illegible] Reuerendissimi Episcopi [illegible]
Dum potissimum, Sacra uniuersalis Synodus
in hisce ordinationibus spectandum [illegible] est,
ut [illegible] fieri possit, omnes a propriis Episcopis ordinentur [illegible], ut [illegible]
Chalcedonensis Concilii [illegible] quod fieri
possit, reuocetur ad primum [illegible] quod statuitur cap. 3. reformationis Sessionis 23, ubi Episcopos omnes [illegible] ipsos [illegible] clericis conferre: a quo munere Episcopi tantum
[illegible] suis sub-
ditos ordinandos [illegible] probatos per Vicarium,

uel etiam ab Episcopo ad id [illegible] [illegible]
ad alios Episcopos mittere, unde [illegible] [illegible]
tiae, quas [illegible] non possunt [illegible] Episcopis, nisi [illegible] concedi. quod [illegible]
[illegible]
necesse erit [illegible] [illegible]
negligat Episcopus ordinationes [illegible]
celebrare, erit de [illegible] Synodo prouinciali arguendus. quod [illegible]
quando Episcopus, et clerici ordinandi [illegible]
[illegible] Episcopus [illegible]
iusta causa absint, et ita necesse sit, ut clerici ab
alio, quam a suo Episcopo ordinentur, [illegible] necesse erit, ut ordinandus habeat testimonium
a suo ordinario morum, ac probitatis [illegible] cap. &
eiusdem [illegible] sessionis. Episcopus uero, qui aliquem sine hoc testimonio ordinauerit, grauiter est reprehendendus. [illegible]
Verum contingit aliquibus bonis ac doctis
uiris, qui studiorum [illegible]
[illegible] a suo Episcopatu absint [illegible] Episcopus
non [illegible]
[illegible] consulendo [illegible]
impetrata [illegible] a Sanct[illegible] [illegible]
[illegible] ordinandi, eisdem ordinatoribus

[illegible] com-

[illegible] diligenter [illegible] bus testimonium uitae, ac morum [illegible] ro in [illegible] locis, ubi [illegible] moratus fuerint, [illegible] hoc permittatur, uel Episcopus [illegible] testimonium praesta- bit [illegible] bonis [illegible] longinquas partes [illegible] forta sse ob magnum aliquam [illegible] quae sine absurda sunt, [illegible] propterea [illegible] Summo Pontifice consulendum est, [illegible] ab ipso Tridentino Con- cilio reducatur; in his [illegible] ut [illegible] caput [illegible] Sess. septimae, causae in literis exprimantur, ob quas a suo Episcopo ordinari, aut [illegible] habere non possint. Sed omni- no curandum, ut hoc testimonium diligenter ac- cipiatur, [illegible] in [illegible] plurimum, ut passim ignotis, et his, qui a suis Episcopis aufu- giunt [illegible] ordinandi [illegible] concedatur.

[illegible] Ab [illegible] fu- [illegible] ordinandi [illegible] ad prima [illegible] uel minores ordines, cap. [illegible] Sessio- nis [illegible] respectu le- gitimae [illegible] quae de [illegible] Capitulis, [illegible]

 dendi

[illegible]
[illegible]
[illegible]
piendam [illegible] Sede vacante
[illegible]
[illegible]
sum est, ut pertineat ad quoscumque, qui eodem tempore in iurisdictione Episcopi loco Capituli succedunt, quod [illegible] ad aliquos Decanos, et Archidiaconos, qui in aliquibus ecclesiis succedunt in omni iurisdictione Episcopali, in eodem [illegible] capite aufertur Abbatibus omnis facultas concedendi [illegible] literas dimissorias clericis saecularibus, regularibus tamen, et sibi subditis possunt eas concedere.

Quod attinet ad alterum caput, de revocando in usum [illegible] Concilii Chalcedonensis, huc pertinet cap. 2. reformationis sessionis 21. in quo provisum est, ne clerici post ordinationem nimia egestate premi possint, et quo ad illos, qui ad beneficium aliquod ordinantur, tametsi [illegible], et locus in ea ecclesia non assignetur, ut tamen ipsa dici possunt, non omnino contra illum sextum canonem ordinari, [illegible] ad pensionem vel titulum [illegible] diffici-lius, [illegible] ab [illegible] [illegible] cap. 16. sess. 23. [illegible] ut hi, qui sic ordinantur, [illegible] possint, aliqui ecclesiae, vel pio loco [illegible] usum [illegible] non [illegible], cum nunc [illegible] numerus ecclesiasticorum ad regendam Ecclesiam Catholicam [illegible] necessarius, quod ab eo canone aliquando recedamus. quod quidem ferri potest, [illegible] honoribus suis ordinem ecclesiasticum honestent; capite etiam nono eiusdem sess. in quo permittitur Episcopis, ut familiares suos, aliis Episcopis subditos ordinare possint, tamen hoc eis ita concessum est, ut omnino iuxta illum sextum canonem [illegible] in ipsa ordinatione beneficium aliquod conferant: prima tonsura non [illegible]andi, nisi qui sacramentum confirmationis susceperint, et illis dotibus sint praediti, de quibus fit mentio in cap. 4. [illegible].

Minores ordines [illegible] per temporum interstitia his, qui ex Seminario assumentur, atque [illegible] conferentur, ita, ut a singulis [illegible] officiis [illegible], iuxta cap. 11.

et 17. sessionis 23. uerum in maioribus natu, et doctioribus poterunt, sine illa mora conferri. nam propterea relictum fuit hoc arbitrio Episcopi, ne grandiores, qui in aliis rebus possunt esse Ecclesiae utiles, in hisce rebus diutius detineantur. quod etiam in ascensu a subdiaconatu ad diaconatum, et ab hoc ad presbyteratum annotatur. uerum cap. 13. sess. 23. omnino prohibetur, ne duo sacri ordines eodem die, etiam regularibus conferantur.

Ad subdiaconatum nemo est admittendus ante secundum et uigesimum annum, ut est in cap. 12. sess. 23. et in hoc gradu praecipuum debet esse examen uitae ac morum, et in primis continentiae. ita, ut quantumuis doctus sit aliquis, si adolescentiam incontinenter egerit, nullo modo ad subdiaconatum, in quo primum castitatem uouere debet, admittatur. nam ob hanc potissimum caussam placuit Patribus, neminem ante 22. annum ad subdiaconatum admitti, ut ex continentia, quam in adolescentia conseruassent, argumentum sumi posset totius uitae deinceps continenter transigendae. quod in regularibus etiam obseruari debet. de his atque aliquibus aliis ad hanc rem pertinentibus,

bus, quae in decretis Synodi Tridentinae continentur, inquiratur in Concilio prouinciali, si Episcopi, Abbates, Capitula, uel alii in his deliquerint; et de hac re diligentissime agatur, ita, ut delinquentes grauissime puniantur: nam hinc, tamquam a fonte manat omnis rerum ecclesiasticarum ordo, et recta administratio, uel e conuerso.

INDICATIO EORVM, QVAE IN Synodo Tridentina ad Concilia prouincialia referuntur.

Sess. 23. in decreto de residentia statuitur ad Metropolitanum cum Concilio prouinciali spectare, iudicare de licentiis datis, uel a suffraganeo dandis, et uidere, ne quis eo iure abutatur: in fine dicitur: illud decretum de residentia in Synodis prouincialibus, et episcopalibus publicandum esse.

In ultimo capite de Seminario statuitur Archiepiscopum, et superiores Synodus prouinciales acriter corripere, eosq. ad omnia supradicta cogere debet. In eodem dicitur statutum Synodo prouinciali, ut si Episcopatus paupertate laborant, poſsint ex portionibus ſumendis a pluribus Epiſcopatibus unicum collegium in loco prouinciae idoneo conſtituere.

In fine eiuſdem, datur ampliſsima facultas Synodo prouinciali, pro regionis more, et eccleſiarum, ac beneficiorū qualitate, moderandi, et augendi omnia, quae ad felicem Seminarii profectum neceſſaria, et opportuna uidebuntur.

Seſsi. 24. cap. 1. decernitur, ut in Synodo prouinciali praeſcribatur in unaquaque prouincia propria examinis, ſeu inquiſitionis, aut inſtructionis faciendae formula de promouendis ad Eccleſias Cathedrales, Sanctiſſimi Romani Pontificis arbitrio approbanda.

Capite tertio ſtatuitur: ut in Synodis prouincialibus cognoſcatur, et probetur cauſſa, ob quam Cathedrales, et dioeceſes ſuffraganeorum a Metropolitanis uiſitari debeant.

In eodem dicitur: cōtra uiſitatores, qui amplius, quam iuſtum eſt accipiunt ratione uiſitationis, poenas ſtatuendas eſſe arbitrio Synodi.

Cap. 5. minores cauſſas criminales Epiſcoporum in prouinciali Synodo cognoſcendas, et terminandas eſſe, uel a deputatis per prouin-

ciale

ciale Concilium.

Cap. 12. Omnia, quae ad debitum in diuinis officiis regimen spectant, deq. congrua in his canendi, seu modulandi ratione, de certa lege in choro conueniendi, et permanendi, simulq. de omnibus ecclesiae ministris, quae necessaria erunt, et si qua huiusmodi, Synodus prouincialis, pro cuiusque prouinciae utilitate, et moribus, certam cuique formulam praescribet.

Cap. 13. in Ecclesiis Cathedralibus tenuibus examinet Concilium prouinciale, uocatis his, quorum interest, et diligenter expendat, quos propter angustias, tenuitatemq. uicinis unire, uel nouis prouentibus augere expediat, confectaq. de praemissis instrumenta ad Summum Romanum Pontificem mittat.

Cap. 18. examinatores promouendorum ad ecclesias parrochiales possunt uocari ad Synodum prouincialem, si aliqua accusatio contra ipsos oriatur, ut ibi rationem sui officii reddant: et delinquentes Synodi arbitrio grauiter puniri possunt.

Sess. 25. in cap. de inuo. uenera. et reliquiis sanctorum. De imaginibus, et reliquiis, si quis dubia, aut [illegible]

aliqua

aliqua de ipsis grauior quaestio incidat, debet expectari sententia Concilii prouincialis.

Cap. ultimo refor. Regularium: in exequendis decretis reformationis, regularium negligentiam Episcoporum Concilia prouincialia debent supplere, et coercere. et in defectum Capitulorum generalium eadem Cócilia possunt prouidere.

Capite 2. generalis reformationis: omnes, quos de iure, uel consuetudine interesse oportet Synodis prouincialibus, debent omnia decreta Synodi Tridentinae palam in prima Synodo prouinciali, in qua ipsi aderunt, recipere, et obedientiam Romano Pontifici spondere, et anathematizare omnes haereses.

Cap. 10. in Synodis prouincialibus, uel dioecesanis eligi debent iudices, quibus caussae a Sanctissimo committantur.

Cap. 14. Episcopos, si cócubinas habuerint, Synodus prouincialis moneat, et si perseuerét, crimen ad Sanctissimum deferatur.

In decreto de indulgétiis: abusus indulgentiarum in prima prouinciali Synodo a singulis Episcopis referendi sunt, et ad Summum Romanum Pontificem deferantur; cuius auctori

tate,

tate, quod Vniuersali Ecclesiae expediet, statuatur. Nunc ad ea, quae de Dioecesanis Synodis dicenda sunt, aggrediamur.

In dioecesana Synodo ea omnia poterunt constitui, quod ad eam dioecesim pertinebit, quae supra in prouinciali diximus posse decerni. res tamen difficiliores relinquendae erunt Conciliis prouincialibus, ut cum maiori auctoritate, de sententia plurium Episcoporum, et sapientissimorum hominum cōstituantur. Antiquissimam dioecesanarum Synodorum, existimo esse Autissiodorensem: esse uero dioecesanam ex eo apparet, quia unicus tantum Episcopus ei subscribit, reliqui omnes sunt Abbates, ac presbyteri: quin etiam in canone septimo sic statuitur: ut omnes presbyteri, et omnes Abbates in ciuitatem Kal. Nouembris ad Synodum ueniant: ad Synodum uero prouincialem non omnes presbyteri, neque omnes Abbates, ut supra dixi, sed probatissimi quique, quos Metropolitanus eligebat, admittebantur. ad hasce quoque Synodos pertinet canonis singulis: 18. dist. Ac sane olim nullā grauiorē caussam tractabant Episcopi, sine hoc suorum presbyterorum cōcilio, ut est expressum in c. sexta

actione

actione. Episcopus et finali re quaestio, quod omnino reuocandum erit a bonis, et aequis Episcopis, tum scilicet, quando meliores canonicos, et parochos habebunt, ad dioecesanam ergo Synodum uocandi sunt omnes Parochi, Abbates, Priores Ordinum, maxime si habent aliquas parochiales suis monasteriis unitas, et canonici ecclesiae Cathedralis, illi quidem, qui ad sacros ordines promoti erunt, et ecclesiam nullo scandalo laeserint. nam illi, qui sacris nō sunt initiati, aut alias aliquo singulari uitio notati fuerint, ad nullam rem grauiorem ecclesiasticam admitti debent: a qua etiam probatissimi alii sacerdotes non sunt excludendi. ná, tametsi in illis canonibus legamus omnes presbyteros uocandos esse, satis est, si ex una quaque parochia ille, qui caput est, accedat, cum omnes uenire non possint; et ut probatissimi quique Sacerdotes Ecclesiae Cathedralis admittantur: nam alii potius perturbarent Synodum, quam iuuarent. Ac sane in hac electione, et admissione presbyterorum ad Synodum dioecesanam, necessario multum tribuendum est Episcopis, sicut de Metropolitano diximus, cum de Conciliis prouincialibus tractauimus.

nam

neque omnes sacerdotes Ecclesiae Cathedralis admitti non debent; et qui sint idonei, ut admittantur ex Cathedrali, uel ex dioecesi, nemo potest melius, quam Episcopus iudicare. sed uidetur Episcopi, ut praeter parochos, et canonicos, non eligant, nisi probatissimos aliquos sacerdotes, ac doctos. nam si aliter fecerint, eis iuste, sicut de Metropolitano diximus, repugnari poterit. Verba illa decreti Synodi Tridentinae, ad quas exempti etiam omnes, qui alias cessante exemptione interesse deberent, ad aliquos eorum, quos supra dixi, huic Synodo interesse debere, pertinet; si ob exemptione dicerent, se nolle in Synodo adesse. illa alia: nec capitulis generalibus subduntur, pertinet ad eos regulares, qui non habent capitula generalia, ut illi, et uocati accedere teneantur, et ea debeant obseruare, quae in hisce Synodis constituerentur. quibus etiam uerbis, quicumque commendatarii comprehenduntur, quod attinet ad illud caput, ut obedire decretis Synodi debeant. nam, quod admittendi sint ad Synodum, commenda eos iuuare non potest, nisi [illegible] ob [illegible] honestatem uitae, ac morum uideantur [illegible] illi uero Abbates, uel priores, qui sua Capitula generalia habent, non cogun tur uenire ad Synodum, ut est expressum in c. Episcopus non debet 18. dist. et c. nimis. de excessib. praelatorum: nam hac exceptione Synodus potissimum uoluit consulere fratribus mendicantibus; ne ea, quae ab ipsis in Capitulis generalibus constituentur, per decreta Synodorũ tollantur. quod intellige respectu ipsorum fratrum, et monasteriorum, in quibus ha bitant: nam ratione capellarum, quas unitas habent, tenentur obseruare cõstitutiones Synodales, ut infra in eodem decreto statuitur, his uerbis. Ratione tamen Parochialium etc. nouum enim non est, ut quis sit exemptus ratione sui monasterii, et capitis; ratione uero annexorum, et membrorum non sit exemptus, ut expresse habetur in c. ex ore de priuil. ad hoc pertinet, quod Vrbanus ii. in Concilio apud Fa uentiam habito decreuit. statuendum nobis est, quatenus ecclesiae quorumcumque mona chorum in singulis parochiis sitae, Episcoporum, ut decet, diuinitus subdantur regimini, eisq. debita obsequia exhibeant. nam nomine obsequiorum haec obedientia, de qua nunc tractamus, rectissime intelligi potest: ad idem

pertinet

pertinet c. Abbates cum c. si. 18. quaest. 2. uerum quia dubitari poterat, an ea uerba generalia referri deberent ad hanc uocationem conciliorum, propterea fuit hoc expresse constitutum: ad quod pertinet c. quod super his cum ipsius gloss. de maio. et obed. quod in eo loco ab Innocentio, et Panormitano notatur. Praeter ea, quae ex iure antiquo, et communi tractari possunt in huiusmodi Synodis, decretum est in Concilio Tridentino, ut tria, quae maximi momenti sunt, in eis agantur. Primum, ut in hac Synodo eligantur examinatores promouendorum ad ecclesias parochiales, de quo in cap. 18. reforma. sessionis 24. alterum, ut in ea possit id, quod pium, et honestum fuerit, prouideri in ecclesiis, quae onere dicendi infinitas missas pressae reperiuntur, ut est in capite 3. reformationis sessionis 25. Tertium, ut in ea eligantur iudices, quibus caussae a Sede Apostolica committi possint, ut est in cap. 10. eiusdem 25. sessionis. itaque, etiam si alia, quam haec non agerentur, non esset futura inutilis haec conuocatio Synodorum dioecesanarũ. in ea praeterea agi poterunt multa, quae ad reformandam totam dioecesim pertinebunt. In quibus, ut recte agi omnia poſsint. Epiſcopus praeter eam notitiam, quam habebit eorum, quae reformatione indigent, poterit ſeptem ex populo ſuae dioeceſeos, uel plures, aſſumere maturiores, honeſtiores, atque ueraciores uiros, quos poterit iureiurando aſtringere, ut quicquid norunt, ſeu audiuerunt contra uoluntatem Dei, et rectam Chriſtianitatē in ea dioeceſi fieri, Synodo indicent, ut habetur in c. Epiſcopus in Synodo 35. qō. 6. de quo etiam ſupra dixi, cum de Synodo prouinciali tractaui. quod ſi in omnibus, quae tractauimus, tam Metropolitani, quam Epiſcopi, et alii negligentes fuerint, uult ſancta Synodus, eos poenas ſacris canonibus ſancitas incurrere. Epiſcopos, atque alios, qui uenire ad Synodum debent, ſi uenire neglexerint, uideo poena excommunicationis obligari c. placuit c. ſi quis autem cum multis ſequen. 18. diſtin. quod ſi Metropolitanus nolit, uel non poſsit Synodum prouincialem conuocare, id Epiſcopus antiquior faciet, uel Epiſcopi, ut ſupra dixi, per ſe conuenire poterunt. uerū, ſi Epiſcopus in Synodo dioeceſana conuocanda negligens fuerit, poterit de eo grauiſsime in Concilio prouinciali accuſari, cum

utilitatem

utilitatemq; Ecclesiae suae negligat; maxime propter ea, quae iuxta Concilium Tridentinum in prouincialibus Synodis agenda sunt in iure tamen antiquo, non uideo propriam aliquam poenam ob hanc negligentiam Episcoporum, ipsis esse constitutam.

ISIDORI ORDO
DE CELEBRANDO CONCILIO.

HORA diei prima ante solis ortum, eiiciantur omnes ab ecclesia, obseratisq; foribus cunctis, ad unam ianuam, per quam sacerdotes ingredi oportet, hostiarii stabunt, et conuenientes omnes Episcopi pariter introibunt, et secundum ordinationis suae tempus residebunt. post ingressum omnium Episcoporum, atque consessum, uocentur deinde presbyteri, quos causa probauerit introire, nullusq; se inter eos ingerat diaconorum; post hos, ingrediantur diaconi probabiles, quos ordo poposcerit inter esse.

eſſe: et corona facta de ſedibus Epiſcoporum, presbyteri a tergo eorum reſideant, quos tamen ſeſſuros ſecum Metropolitanus elegerit; qui utique, et cũ eo iudicare aliquid, et diffinire poſſint. diacones incõſpectu Epiſcoporum ſtent. deinde ingrediantur laici, qui lectioni Cõcilii intereſſe meruerint. ingrediantur quoque notarii, quos ad recitandum, uel excipiendum ordo requirat. obſeratisq. ianuis, et ſedentibus in diuturno ſilentio ſacerdotibus, atque cor totum habentibus ad Deum, dicturus eſt Archidiaconus, orate. ſtatimq. omnes in terram proſtrabuntur, tam Epiſcopi, quam preſbyteri. et orantes diutius tacite cum fletibus, atque gemitibus, unus ex Epiſcopis Senioribus orationem palam fundat ad Deum, cunctis adhuc in terra iacentibus, dicens hanc orationem. Adſumus domine ſancte Pater, peccati quidem inmanitate detenti, ſed in nomine tuo ſpiritualiter aggregati; ueni ad nos, et eſto nobiſcum, et dignare illabi cordibus noſtris, doce nos, quid agamus, quo gradiamur, et oſtẽde, quid efficere debeamus, ut te auxiliante, tibi in omnibus placere ualeamus. eſto ſalus, et ſuggeſtor, et effector iudiciorum noſtrorum, qui solus cum Deo Patre, et eius Filio nomen possides gloriosum: non nos patiaris perturbatores esse iustitiae, qui summam diligis aequitatem. ut in sinistrum nos non ignorantia trahat, non fauor inflectat, non acceptio muneris, uel personae corrumpat; sed iunge nos tibi efficaciter solius tuae gratiae dono, ut simus in te unum, et in nullo deuiemus a uero. qualiter in nomine tuo collecti, sic in cunctis teneamus cum moderamine pietatis iustitiam, ut et hic a te in nullo dissentiat sententia nostra, et in futuro pro bene gestis consequamur praemia sempiterna. in qua oratione paterna non dicatur, nec benedictio; sed ipsa solum modo oratio confirmetur. finita autem oratione, et responso ab omnibus Amen; rursus dicat Archidiaconus: erigite uos. confestim omnes surgant, et cum omni timore Dei, et disciplina, tam Episcopi, quam presbyteri sedeant. sicq. omnibus in suis locis in silentio considentibus, Diaconus alba indutus codicē canonum in mediū proferens, capitula de conciliis agendis pronunciet: idest de Concilio Toletano 4. era 18; item ex Concilio Toletano 4. era 3. item ex capitulis oriētalium Patrum, quae Martinus

Episcopus

Episcopus de [illegible] ca. 38. de Synodo facienda, item ex Concilio Chalcedonensi, ca. 18. item ex Concilio Agathensi, ca. 35. uel aliud de canonibus, quod Metropolitano aptius uisum fuerit, ut legatur. finitisque titulis, Metropolitanus Episcopus Concilium alloquatur exhortatione, ita dicens.

Ecce sanctissimi sacerdotes, praemissis Deo precibus, fraternitatem uestram, cum pia exhortatione conuenio, et per diuinum nomen obtestor, ut ea, quae a nobis de Deo, et de sacris ordinibus, uel sanctis moribus uobis fuerint dicta, cum omni pietate suscipiatis, et cum summa reuerentia perficere intendatis; quod si forsitan aliquis uestrum aliter, quam dicta fuerint senserit, sine aliquo scrupulo contentionis, in nostrorum omnium copulatione ea ipsa, de quibus dubitauerit, conferenda reducat; qualiter, Deo auxiliante, aut doceri possit, aut doceat. deinde simili uos obtestatione obsecro, ut nullus uestrum in iudicando, aut personam accipiat, aut quolibet fauore, uel munere pulsatus a iusto iudicio scienter auertatur, aut discedat; sed, cum tota pietate, quidquid coetui nostro se iudicandum intulerit, tractate.

etate. ut nec discordans contentio ad subuersionem iustitiae inter nos locum inueniat; nec idem in perquirenda aequitate uigor nostri ordinis; uel sollicitudo tepescat. Post hanc exhortationem introibunt omnes, quicumque fuerint Diacones, uel religiosi uniuersi ad audiendam doctrinam: sicq. Archidiaconus lecturus est canonem Toletani Concilii xi. era prima, ne tumultu concilium agitetur. quo canone perlecto, Cōcilium Ephesinum ex ordine perlegatur; deinde collatio pariter, et instructio de mysterio Sanctae Trinitatis habeatur; simulq. et de officiorū ordinibus, si in omnium sedibus, eiusdem celebritatis unitas teneatur: pro his quoque caussis, prout spatiū diei permiserit, et epistolae Papae Leonis ad Flauianum Episcopum, de erroribus Eutychetis, et mysterio Trinitatis legendae sunt, Canones quoque de unitate officiorum; nec ad aliud aliquid antea transeatur, quam ista omnia explicentur. Ita tamen, ut in totos tres dies Letaniarum, nihil aliud agatur, nec tractetur, nisi sola collatio de mysterio Sanctae Trinitatis, et de ordinibus sacris, uel officiorum institutis. ita, ut haec tota partiantur per totos illos tres dies, ut nihil [illegible] habentes [illegible] [illegible] [illegible] [illegible] [illegible] [illegible] [illegible] [illegible] in [illegible] [illegible] in Concilio, [illegible] [illegible] [illegible] tamen illos tres dies [illegible] Episcopis [illegible] [illegible] [illegible] [illegible] oratione, [illegible] et [illegible] [illegible] reliquis autem diebus, [illegible] [illegible] [illegible] [illegible] [illegible] [illegible] [illegible] [illegible] [illegible] ordine ad Concilium [illegible] [illegible] [illegible] [illegible] [illegible] [illegible] [illegible] [illegible] Concilium [illegible]

landum,

landum, Ecclesiae Metropolitanae Archidiaco- no causam fieri intimaent, ob ille Concilio de- nunciet, tunc illis, et introeundi singulatim, et proponendi licentia concedatur. nullus au- tem Episcoporum a coetu communi recedat, antequam hora generalis sessionis adueniat. Concilium quoque nullus soluere audeat, ni- si fuerint cuncta determinata: ita, ut quaecunque quae deliberatione communi finiuntur, Episco- porum singulorum manibus subscribantur. ita tamen, ut ante duos, aut tres dies, quam sol- uatur Concilium, omnes constitutiones [illegible] editas diligenti consideratione retractent, si in aliquo offendissent. item in die, quo Conci- lium absoluendum est, canones, qui [illegible] Synodo constituti sunt, coram eccl[illegible] ob relegantur: quibus explicitis, [illegible] in choro, Amen. deinde ad loc[illegible] ubi in Concilio resederunt, [illegible] sub- scribant. admonendi quoque [illegible] nis sunt, de Pascha uentura [illegible] ad- monendi sunt etiam, [illegible] mente animo, ad faciendum [illegible] Eligendi etiam de [illegible] Metro- politano dies festos [illegible]

[illegible]

Pascha debeant celebrare, post haec dicto ab Archidiacono, [illegible] omnes simul in terra pariter se prosternant, ubi diutissime orantes, hanc
unus ex maioribus orationem dicat.

Nulla est domine humanae cōscientiae uirtus, quae inoffense possit tuae iustitiae iudicium expedire: credo, quia imperfectum nostrum
uiderunt oculi tui, perfectionem de nobis [illegible]
[illegible], quam perfectio aequitatis [illegible] concludere
[illegible] in nostris principiis [illegible]
[illegible] proposuimus, [illegible] in hoc fine iudiciorum nostrorum excessibus [illegible] precamur,
scilicet, ut ignorantiae parcas, ut errori indul-
geas, ut perfectis uotis perfectam operis efficaciam largiaris: et quia conscientia remordente
[illegible], ne aut ignorantia nos traxerit in
errorem, aut praeceps forsitan uoluntas impulerit iustitiam declinare, ob hoc nos te poscimus,
te rogamus, ut, si quid offensionis in hac Concilii celebritate contraximus, condonare, non remissibile facere digneris, ut in eo, quod soluturi sumus aggregatum concilii [illegible]
absoluamur nostrorum nexibus delictorum:
qualiter, ut transgressionum [illegible],
[illegible] tibi subsequamur [illegible]

huic

[illegible] orationem pastor [illegible] [illegible] [illegible], haec Benedictio explicetur. [illegible] hanc [illegible]

BENEDICTIO.

Christus Dei filius, qui est initium, et finis complementum nobis tribuat caritatis. Amen. Et qui nos ad expletionem huius fecit peruenire Concilii, absolutos nos efficiat ab omni contagione delicti, ut de omni reatu liberiores effecti, absolutionis per donum eius Spiritus Sancti felicia [illegible] cum illo perpetim [illegible] Amen. quod ipse praestare dignetur: et reliqua. quibus expletis, dum dictum fuerit ab Archidiacono: In nomine Domini nostri Iesu Christi eamus cum pace; omnes illico pariter exsurgentes, residente Metropolitano, et ipso primo incipiente, osculum sibi inuicem omnes pariter dabunt: sicque data sibi inuicem pace, conuentus Concilii absoluatur.

ORATIO DIEI SECUNDI.

Nostrorum, tibi Domine, quaesumus, [illegible] continuoque [illegible] bonum [illegible] nobis

ate

[illegible] eligamus. Scilicet ut praecepta tuorum sollicitudine gradientes, discretionis arduae subtile iudicium faciamus, ac misericordiam diligentes, clareamus studiis tibi placitae actionis.

ORATIO DIEI TERTII.

Ad te domine interni clamoris vocibus proclamantes, unanimiter postulamus, ut ex sponsu tuae gratiae solidati, praecones veritatis efficiamur intrepidi, tuumq. valeamus verbum cum omni fiducia loqui.

Hac dum oratio sequitur secundum quidem ad secundum, et tertium illorum trium dierum, in quibus collatio de fide, et doctrina habenda est, nam eo in loco tantum exposuit praefationem diei primi.

DE [illegible] COLLEGIIS AD VTILITATEM PVBLICAM CONSTITVENDIS.

CVM Lutetiae, ac Louanii studiorum gratia essem, in quibus utrisque academiis magna est collegiorum, in quibus pueri instituuntur, multitudo; saepe in hanc cogitationem incidi, uix fieri posse, ut nobiles, atque honestis parentibus nati pueri alibi, quam in collegiis recte educentur, atque instituantur. nulla enim est, non solum illustris, sed nec mediocris familia, in qua a seruis, et famulis, non multa pueris ad uitia incitamenta, et ad studia, atque honestatem impedimenta praeexhibeantur: a quibus omnibus hi, qui in collegiis uiuunt, si recte illa gubernetur, prorsus absunt. uerum, cum multa in illis collegiis Lutetiae, ac Louanii essent, quae mihi ualde probabantur, erant etiam alia, quae mihi uehementer displicebant. et haec in primis, quod auaritiae potius, quam caritatis studio uidentur in eis omnia fieri; quod in plerisque collegiis minima cura habetur institutionis moru, cum

illi,

illi, quos Bursarios uocant, qui magistri, et inspectores omnium, quae a pueris fierent, ut eos corrigerent, esse deberet, nihil hoc curent; modo menstruum salarium illis non desit. et quod his omnibus peius est, quod infecti haeresi saepe ad docendum, et instituendos pueros admittuntur: unde uenit, ut multi nobiles pueri in hisce collegiis ob hanc negligentiam corrupti fuerint. nam cum haeretici nostrorū negligentiam uiderent, et facile per unum magnam puerorum multitudinē corrumpi posse intelligerent, eo, tamquam in mercatum quendam suos mittebant, ut quos possent pueros bonis disciplinis institutos corrumperent, et ad se allicerent. quod ego uirum optimum, ac religiosissimum presbyterum Picardum Lutetiae de suggestu cum magno dolore praedicantem, et, ut tanto malo remedium adhiberetur, implorantem audiui. quod si factum, ut decebat, fuisset, fortasse non in eas calamitates Gallia, in quibus nunc eam uidemus, incidisset. sed ad rem nostram redeamus: ab illo tempore cogitare coepi, quod etiam tum scriptis mandaui; in quauis mediocri ciuitate necessarium esse aliquod collegium, in quo hi, qui sacris

initiandi

initiandi essent, in quo nobiliores pueri educarentur. In quo praecipuam rationem morum,
et uitae haberent, eius linguis, latinis, et graecis,
ac dialecticae, si fieri posset, pueri imbuantur;
in quibus studiis cum inde usque ad adolescentiam uersati fuissent, qui et apti postea uideantur, poterunt ad nobiliores Academias mitti, ut
in eis omni genere bonarum artium instruantur: de qua re latius postea tractabimus; sed ad
meam illam de hisce collegiis cogitationem re
uertor. cum ego eam saepius uersarem, omnia,
quae ad hanc rem facere uidebam, Concilia, et
ueteres auctores uoluens, annotabam. quam
cogitationem, cum uenisse quoque in mentem
Patribus, qui Tridenti Concilii caussa erant,
uidissem, tum uero uehementer fui delectatus,
et uidebam meam illam cogitationem non omnino inanem fuisse. itaque, cum Tridenti, quo
me Pius IIII Pontifex Max. miserat, tum prae
sens essem, quoad poteram, ut id omnino fieret, adhortabar: et nonnullis, quibus res quidem ipsa placebat, sed difficilis eius rei efficien
dae ratio uidebatur, pollicitus sum, me rationem hanc totam explicaturum, quod in ea ma
gnam cogitationem posuissem. Quare, cum id
[illegible] V [illegible] debere

ut recte agi omnia possint. Episcopus praeter eam notitiam, quam habebit eorum, quae reformatione indigent, poterit septem ex populo suae dioeceseos, uel plures, assumere maturiores, honestiores, atque ueraciores uiros, quos poterit iureiurando astringere, ut quidquid norunt, seu audiuerunt contra uoluntatem Dei, et rectam Christianitatē in ea dioecesi fieri, Synodo indicent, ut habetur in c. Episcopus in Synodo 35. qō. 6. de quo etiam supra dixi, cum de Synodo prouinciali tractaui. quod si in omnibus, quae tractauimus, tam Metropolitani, quam Episcopi, et alii negligentes fuerint, uult sancta Synodus, eos poenas sacris canonibus sancitas incurrere. Episcopos, atque alios, qui uenire ad Synodum debent, si uenire neglexerint, uideo poena excommunicationis obligari c. placuit c. si quis autem cum multis sequen. 18. distin. quod si Metropolitanus nolit, uel non possit Synodum prouincialem conuocare, id Episcopus antiquior faciet, uel Episcopi, ut supra dixi, per se conuenire poterunt. uerū, si Episcopus in Synodo dioecesana conuocanda negligens fuerit, poterit de eo grauissime in Concilio prouinciali accusari, cum

utilitatem

utilitatemq; Ecclesiae suae negligat; maxime propter ea ipsa, quae iuxta Concilium Tridentinum in ipsis Synodis agenda sunt. in iure tamen antiquo, non uideo propriam aliquam poenam ob hanc negligentiam Episcoporum, ipsis esse constitutam.

ISIDORI ORDO
DE CELEBRANDO
CONCILIO.

HORA diei prima ante solis ortum, eiiciantur omnes ab ecclesia, obseratisq; foribus cunctis, ad unam ianuam, per quam sacerdotes ingredi oportet, hostiarii stabunt. et conuenientes omnes Episcopi pariter introibunt, et secundum ordinationis suae tempus residebunt. post ingressum omnium Episcoporum, atque consessum, uocentur deinde presbyteri, quos causa probauerit introire, nullusq; se inter eos ingerat diaconorum. post hos, ingrediantur diaconi probabiles, quos ordo poposcerit interesse.

esse: et corona facta de sedibus Episcoporum, presbyteri a tergo eorum resideant, quos tamen sessuros secum Metropolitanus elegerit; qui utique, et cũ eo iudicare aliquid, et diffinire possint. diacones incõspectu Episcoporum stent. deinde ingrediantur laici, qui lectioni Cõcilii interesse meruerint. ingrediantur quoque notarii, quos ad recitandum, uel excipiendum ordo requirat. obseratisq. ianuis, et sedentibus in diuturno silentio sacerdotibus, atque cor totum habentibus ad Deum, dicturus est Archidiaconus, orate. statimq. omnes in terram prostrabuntur, tam Episcopi, quam presbyteri. et orantes diutius tacite cum fletibus, atque gemitibus, unus ex Episcopis Senioribus orationem palam fundat ad Deum, cunctis adhuc in terra iacentibus, dicens hanc orationem. Adsumus domine sancte Pater, peccati quidem inmanitate detenti, sed in nomine tuo spiritualiter aggregati; ueni ad nos, et esto nobiscum, et dignare illabi cordibus nostris, doce nos, quid agamus, quo gradiamur, et ostẽde, quid efficere debeamus, ut te auxiliante, tibi in omnibus placere ualeamus. esto salus, et suggestor, et effector iudiciorum nostrorum;

qui

qui solus cum Deo Patre, et eius Filio nomen possides gloriosum: non nos patiaris perturbatores esse iustitiae, qui summam diligis aequitatem. ut in sinistrum nos non ignorantia trahat, non fauor inflectat, non acceptio muneris, uel personae corrumpat, sed iunge nos tibi efficaciter solius tuae gratiae dono, ut simus in te unum, et in nullo deuiemus a uero. qualiter in nomine tuo collecti, sic in cunctis teneamus cum moderamine pietatis iustitiam, ut et hic a te in nullo dissentiat sententia nostra, et in futuro pro bene gestis consequamur praemia sempiterna. in qua oratione paterna non dicatur, nec benedictio; sed ipsa solum modo oratio confirmetur. finita autem oratione, et responso ab omnibus Amen, rursus dicat Archidiaconus: erigite uos. confestim omnes surgant, et cum omni timore Dei, et disciplina, tam Episcopi, quam presbyteri sedeant. sicq. omnibus in suis locis in silentio consedentibus, Diaconus alba indutus codicē canonum in mediū proferens, capitula de conciliis agendis pronunciet: idest de Concilio Toletano 4. era 18. item ex Concilio Toletano 4. era 3. item ex capitulis oriētalium Patrum, quae Martinus

Episcopus

Episcopus [illegible], ca. 38. de Synodo facienda, item ex Concilio Chalcedonensi, ca. 18. item ex Concilio Agathensi, ca. 35. uel aliud de canonibus, quod Metropolitano aptius uisum fuerit, ut legatur. finitisque titulis, Metropolitanus Episcopus Concilium alloquatur exhortatione, ita dicens.

Ecce sanctissimi sacerdotes, praemissis Deo precibus, fraternitatem uestram cum pia exhortatione conuenio, et per diuinum nomen obtestor, ut ea, quae a nobis de Deo, et de sacris ordinibus, uel sanctis moribus uobis fuerint dicta, cum omni pietate suscipiatis, et cum summa reuerentia perficere intendatis. quod si forsitan aliquis uestrum aliter, quam dicta fuerint senserit, sine aliquo scrupulo contentionis, in nostrorum omnium copulatione ea ipsa, de quibus dubitauerit, conferenda reducat; qualiter, Deo auxiliante, aut doceri possit, aut doceat. deinde simili uos obtestatione obsecro, ut nullus uestrum in iudicando, aut personam accipiat, aut quolibet fauore, uel munere pulsatus a iusto iudicio scienter auertatur, aut discedat; sed, cum tota pietate, quidquid caetui nostro se iudicandum intulerit, retra- [illegible] ctate.

ctate, ut nec discordiae contentio ad subuersionem iustitiae inter nos locum inueniat, nec iterum in perquirenda aequitate uigor nostri ordinis, uel sollicitudo tepescat. Post hanc exhortationem ingredientur omnes, quicunque fuerint Diacones, uel religiosi uniuersi ad audiendam doctrinam. sicq. Archidiaconus lecturus est canonem Toletani Concilii xi. era prima, ne tumultu concilium agitetur. quo canone perlecto, Cōcilium Ephesinum ex ordine perlegatur; deinde collatio pariter, et instructio de mysterio Sanctae Trinitatis habeatur; simulq. et de officiorū ordinibus, si in omnium sedibus, eiusdem celebritatis unitas teneatur: pro his quoque caussis, prout spatiū diei permiserit, et epistolae Papae Leonis ad Flauianum Episcopum, de erroribus Eutychetis, et mysterio Trinitatis legendae sunt, Canones quoque de unitate officiorum; nec ad aliud aliquid antea transeatur, quam ista omnia explicentur. Ita tamen, ut in totos tres dies Letaniarum, nihil aliud agatur, nec tractetur, nisi sola collatio de mysterio Sanctae Trinitatis, et de ordinibus sacris, uel officiorum institutis. ita, ut haec tota partiantur per totos illos tres dies, ut nihil aliud sit, ut dictum est, nisi sola quaestio de his quae praedicta sunt habeatur, ita ut lectio semper congruens ordini, et caussae, quae quaerenda est, antecedat. Post haec, in quarto die reliquae caussae per ordinem admittendae sunt, sicq. omnes, qui de religiosis in retroactis diebus pro spirituali instructione interfuerint in Concilio, foras egrediantur, residentibus aliquibus presbyteris in Concilio, quos Metropolitanus probaverit honorandos. per singulos tamen illos tres dies Letaniarum, Episcopi, et presbyteri cum admonitore, primum orationibus se prosternent, sicq. collecta a Metropolitano oratione, consurgant, et de divinis tantum, ut dictum est, rebus collatio habeatur. in reliquis autem diebus, cunctis adstantibus, oratio colligenda est: et sic cosedentes caussarum negotia iuste, et religiose colligant: nullus tamen tumultus, aut inter consedentes, aut inter adstantes habeatur, eodem tamen modo, eodemq. ordine ad Concilium omnes per singulos dies ingrediantur, quo superius iam praemissum est. nam si presbyteri reliqui, aut diaconi, clerici, sive laici, de his, qui foris steterint, Concilium, pro qualibet re crediderint appellandum,

lendum; Ecclesiae Metropolitano Archidiacono causam suam intimaverint, et ille Concilio de-
nunciet: tunc illis, et introducendi singulatim,
et proponendi licentia concedatur. nullus autem Episcoporum a coetu communi secedat,
antequam hora generalis sessionis adveniat.
Concilium quoque nullus solvere audeat, nisi fuerint cuncta determinata: ita, ut quaecumque deliberatione communi finiuntur, Episcoporum singulorum manibus subscribantur.
ita tamen, ut ante duos, aut tres dies, quam sol-
vatur Concilium, omnes constitutiones a se
editas diligenti consideratione retractent, ne
in aliquo offendissent. item in die, quo Concilium absolvendum est; canones, qui in sancta
Synodo constituti sunt, coram ecclesia in publico relegantur: quibus explicitis, respondeatur
in choro, Amen: deinde ad locum redeuntes,
ubi in Concilio resederunt, canones ipsos sub-
scribant. admonendi quoque a Metropolitano sunt, de Pascha venturo, quo veniat die. admonendi sunt etiam, quo tempore, superve-
niente anno, ad faciendum Concilium veniant.
Eligendi etiam de Episcopis, qui cum Metropolitano dies festos Natalis Domini, et sanctum

Pascha debeant celebrare; post haec dicente Ad chidiacono, Orate, omnes simul in oratione pari-ter se prosternant, ubi diutissime orantes, hanc unus ex maioribus orationem dicat.

Nulla est domine humanae cõscientiae uirtus, quae inoffensa possit [illegible] di cit expedire: credo, quia imperfectum nostrum uiderunt oculi tui, perfectiori de pace [illegible] cios, quo perfectio aequitatis hanc concludere [illegible] nostris principiis [illegible] rem poposcimus, eo quoque in hoc [illegible] ciorum nostrorum excessibus adesse praesumimus scilicet, ut ignorantiae parcas, ut errori [illegible] geas, ut perfectis uotis perfectam operis efficaciam largiaris: et quia conscienciae [illegible] tabescimus, ne aut ignorantia nos [illegible] errorem, aut praeceps [illegible] uoluntas impulerit [illegible] declinare, ob hoc poscimus et rogamus, ut, si quid offensionis in hac Concilii celebritate [illegible], condonare, et remissibile facere digneris, ut in eo, quod soluturi sumus aggregatum Concilium, a cunctis [illegible] absoluamur nostrorum nexibus delictorum: qualiter, ut [illegible], et confidentes tibi subsequamur [illegible]

huius orationis pastoralis adiungantur, Celebratis
autem omnibus, haec Benedictio explicetur.

BENEDICTIO.

Christus Dei filius, qui est initium, et finis
complementum nobis tribuere dignetur. Amen.
Et qui nos ad expletionem huius fecit peruenire Concilii, nos absolutos efficiat ab omni contagione delicti. Amen. Ut liberiores, et absoluti [illegible] Spiritus Sancti felici [illegible] reperti [illegible] Amen. Quod ipse praestare dignetur, et reliqua. Quibus expletis, dum dictum fuerit ab Archidiacono: In nomine Domini nostri Iesu Christi eamus cum pace, omnes illico pariter exsurgentes, residente Metropolitano, ab ipso priore incipientes, osculum sibi inuicem omnes pariter dabunt. Sicque data sibi inuicem pace, conuentus Concilii absoluatur.

ORATIO DIEI SECUNDI.

Nostrorum tibi Domine curuantes genua cordium, quaesumus, ut bonum, quod nobis ac sequi dicitur, exsequamur. scilicet ut praecepta tuorum sollicitudine gradientes, discretionis arduae subtile iudicium faciamus, ac misericordiam diligentes, clareamus studiis tibi placitae actionis.

ORATIO DIEI TERTII.

Ad te Domine interni clamoris uocibus proclamantes, unanimiter postulamus, ut respectu tuae gratiae solidati, praecones ueritatis efficiamur intrepidi, tuumq. ualeamus uerbum cum omni fiducia loqui.

Has duas orationes secundi, et tertii diei [illegible], et tertiam illorum trium dierum, in quibus collatio de fide, et doctrina habenda est, quam eo in loco tantum exposuit orationem diei primi.

DE VARIIS COLLEGIIS AD VTILITATEM PVBLICAM CONSTITVENDIS.

CVM Lutetiae, ac Louanii studiorum gratia essem, in quibus Academiis magna est collegiorum, in quibus pueri instituuntur, multitudo; saepe in hanc cogitationem incidi, ut fieri posset, ut nobiles, atque honestis parentibus nati pueri alibi, quam in collegiis recte educentur, atque instituantur. nulla enim est, non solum illustris, sed nec mediocris familia, in qua a seruis, et famulis non multa pueris ad uitia incitamenta, et ad studia, atque honestatem impedimenta passim exhibeantur: a quibus omnibus hi, qui in collegiis uiuunt, si recte illa gubernentur, prorsus absunt. uerum, cum multa in illis collegiis Lutetiae, ac Louanii essent, quae mihi ualde probabantur; erant etiam alia, quae mihi uehementer displicebant. et haec in primis; quod auaritiae potius, quã caritatis studio uidentur in eis omnia fieri; quod in plerisque collegiis minima cura habetur institutionis morũ, cum

illi,

illi, quos Bursarios uocant, qui magistri, et inspectores omnium, quae a pueris fierent, ut eos corrigerent, esse deberet, nihil hoc curent; modo menstruum salarium illis non desit, et quod his omnibus peius est, quod infecti haeresi saepe ad docendum, et instituendum alios admittuntur. inde euenit, ut multi nobiles pueri in hisce collegiis ob hanc negligentiam corrupti fuerint. nam cum haeretici nostrorũ negligentiam uiderent, et facile per unum magnam puerorum multitudinẽ corrumpi posse intelligerent, eo, tamquam in mercatum quendam suos mittebant, ut quos possent pueros bonis disciplinis institutos corrumperent, et ad se allicerent. quod ego uirum optimum, ac religiosissimum presbyterum Ricardum Lutetiae de suggestu cum magno dolore praedicantem, et, ut tanto malo remedium adhiberetur, implorantem audiui. quod si factum, ut decebat, fuisset, fortasse non in eas calamitates Gallia, in quibus nunc eam uidemus, incidisset. sed ad rem nostram redeamus: ab illo tempore cogitare coepi, quod etiam tum scriptis mandaui; in quauis mediocri ciuitate necessarium esse aliquod collegium, in quo hi, qui sacris

sufficiendi essent, et nobiliores pueri educarentur. In quo opere praecipuam rationem morum,
et cultae habentur, et eius linguae latinis, et graecis,
ac dialecticae, si fieri potest, pueri imbuantur;
in quibus studiis commode, usque ad adolescentiam uersari possunt, ita qui, si quae postea uideantur, poterunt ad nobiliores Academias mitti, ut
in eis omni genere bonarum artium instruantur: de qua re latius postea tractabimus; sed ad
mentem illam de hisce collegiis cogitationem re
uertor. Cum ego eam saepius uersarem, omnia,
quae ad hanc rem facere uidebantur, Concilia, et
ueteres auctores uoluens, annotabam. quam
cogitationem, cum uenisse quoque in mentem
Patribus, qui Tridenti Concilii caussa erant,
uidissem, tum uero uehementer fui delectatus,
et didiceram illam cogitationem non omnino inanem fuisse. itaque, cum Tridenti, quo
me Pius IIII. Pontifex Max. miserat, cum prae
sens essem, quoad poteram, ut id omnino fieret, adhortabar et nonnullis, quibus res quidem ipsa placebat, sed difficilis eius rei efficien
dae ratio uidebatur, pollicitus sum, me rationem hanc totam explicaturum, quod in ea ma
gnam cogitationem posuissem. Quare, cum id

 debere

debere amplius non possim, ad eam rem tractandá diuino auxilio fretus aggredior. Olim, cum primum pax data fuit Christianorum Ecclesiis; et Ecclesiae ipsae reditus aliquos habuerunt; consueuisse in eis haberi collegia, in quibus pueri sacris initiandi instituerentur, multa nobis antiquitatis monumenta demonstrant. In primis canon 23. Concilii Toletani quarti. Prona est omnis aetas ab adolescẽtia in malum: nihil enim incertius, quam uita adolescẽtium: ob hoc constituendum, oportuit, ut si qui in clero puberes, aut adolescẽtes existunt, omnes in uno conclaui atrii commorentur, ut lubricae aettatis annos non in luxuria, sed in disciplinis ecclesiasticis agant. deputato probatissimo seniore, quem, et magistrum disciplinae, et testem uitae habeant: quod, si aliqui ex his pupilli existunt, sacerdotali tutela foueantur, ut et uita eorum a criminibus intacta sit, et res ab iniuria improborum. qui autem his praeceptis resultauerint, monasteriis deputentur, ut uagãtes animi, et superbi, seueriori regula distringantur. Idem cap. 1. Concilii 2. Toletani significatur. De his, quos uoluntas parentum a primis infantiae annis in clericatus officio, uel mo

nachali

nachali posuit, pariter statuimus obseruandū, ut mox, cum detonsi, uel ministerio electorū contraditi fuerint, in domo Ecclesiae sub Episcopali praesentia, a praeposito sibi debeāt erudiri. haec enim domus Ecclesiae, in qua electi clerici a praeposito, hoc est a scholastico erudiebantur, est collegium, de quo in decreto Synodi Tridentinae tractatur. itaque non noua est haec res, et tractatio, sed antiquissima. nā hoc Toletanū secundum Concilium tempore Ioannis secundi habitum fuit, qui uixit anno Domini D XXXII. in quo hoc, tamquam usu antiquo receptum exponitur, non ut fiat, decernitur. hi uero clerici, qui in illis conciliis in domo, uel in atrio ecclesiae educari dicuntur, ab aliis recentioribus, ut ab Isidoro, quod etiam in pontificali saepe repetitur, et a Carolo magno schola nominantur. quorum munus erat, ut cum primum grammaticam, et cantum edocti essent, in Ecclesia deseruirent; et in ea Ecclesiae domo, siue schola omni genere ecclesiasticae disciplinę imbuerētur. loca igitur de hac re ex illo fragmento Caroli magni de ritibus ecclesiasticis recitabo, nam illa, quae in pontificali reperiuntur, sunt ualde multa, et a quouis fa cile inueniri possunt. referens ea, quae in sollemnitate sabbati Sancti fiunt, ait: et cum dixerit schola Agnus Dei, dicat cantor alta uoce: accedite. Idem referens ritum Ecclesiae in Missa Paschae: ibiq. inchoat schola Kyrieleison, et eo concentu peruenitur usque ad altare: scholam itaque appellat Carolus magnus illos clericos, qui in domo Ecclesiae omni ecclesiastica disciplina instruebantur, et simul in ecclesiasticis ministeriis Ecclesiae seruiebant. cuius consuetudinis adhuc remanent uestigia aliqua in Hispaniae Ecclesiis. nam fere omnes Cathedrales scholasticos habent, qui huic scholae praeerant, de quibus postea dicemus, et pueri aliquot sumptu Ecclesiae aluntur, qui tantum ad canendum, et caereos ferendum deseruiunt; cum tamen nulla ratio institutionis, et uitae ipsorum habeatur. morem ergo antiquū, qui in his pueris instituendis seruari consueuerat, uolens Sancta Synodus Tridētina reuocare, et meliorem etiam efficere, recte ea, quae in decreto ultimo, sess.23. continentur, statuit. experimēto enim quodam multi Patrum rem hanc Ecclesiae maxime utilem fore, docebant; quia, cum Ioannes Mattheus, uir omni genere uirtutum cumulatissimus, in Ecclesiam Veronensem, cuius Episcopus erat, hanc consuetudinem induxisset; breui, non solum clericos, sed uniuersam illam ciuitatem multo meliorem effecit. quod, cum Reginaldo Polo Cardinali praestantissimo uehementer probaretur, id ipsum, tamquam praecipuum quoddam caput in libellum quedam retulit, quem de Angliae reformatione, cum Legatus eius prouinciae esset, scripsit, quod fuit ab omnibus Angliae Episcopis approbatū. Porro in decreto rectissime cautum est, ut pecunia illa, quae huic collegio constituendo, et gubernando necessaria erit, repraesentari possit, in quo est neruus, et summa totius huius negotii; sed de ratione gubernandi haec ipsa collegia, neque dictum est quidquam, neque dici commode poterat; sed omnia arbitrio Episcoporum sunt demandata. uerum quia huiusce rei efficiendae ratio, nō ita expedita omnibus uidebitur, uolo hic aliqua, quae ad eam efficiendam pertineant annotare. manifestum est eam domum, quae apta et commoda sit ad huiusmodi collegium, non posse confestim aedificari. quare, ut primo quoque tempore aliquis fructus ex hoc Seminario percipiatur,

cipiatur, uellem statim amplam aliquá domum conduci, in quam non solum pueri, sed grandiores, et sacris initiati recipiantur. nam hi, si grammaticae praeceptis imbuti fuerint, poterunt rationem, et modum recte tractandi sacramenta edoceri, ut breui illorũm opera Ecclesia iuuari possit; quibus deinceps commodius minores natu succedere poterunt. In hac uero domo, quae conducenda erit, uel in collegio ipso aedificando, haec potissimum spectanda sunt, ut eam commoditatem, quae huic rei necessaria est, praestare possint. Primum uellem eá domum in atrio, et inferiori parte, habere aulas aliquot amplas et capaces, in quibus, non solum pueri collegii, sed alii omnes pueri ciuitatis ad discendum conuenire possint. uellem enim omnes pueros in huiusmodi scholis, non solum puerili disciplina, uerum etiam Christiana institui. pro modo uero ciuitatis, ac puerorũ numero, spatia ipsa scholarum efficienda erunt. in superiori etiam domo, quam pueri Seminarii inhabitabunt, uellem aulas potius quasdam esse, quam parua cubicula; et esse huiusmodi, ut in unica aula, ad utramque partẽ possint, plus minus, uiginti lecti haberi. nã huiusmodi pueros

ros oportet singulos in singulis lectis cubare. in qua eadem aula uellem minimũ duos maturae iam aetatis, atque honestae uitae homines manere, qui et noctu, et diu curam ipsorum habeant. quibus praecipue curandum est, ut pueri statutis horis lectiones suas repetant, et ea curent, quae ipsis facienda erunt, ac praeterea cauebunt, ne quid inmodeste, quantum ea aetas ferre potest, et ne quid intemperáter fiat: summaque diligentia curabunt, ut ab omnibus uitiis puerilis illa aetas arceatur. quod, si semper uterque, uel alter ipsorum cum pueris adfuerit, facile prouidebitur. per totam etiam noctem in ea aula, in qua cubabunt, unicam, uel duas magnas lampades accensas habebunt, ut, si quid a pueris fiat, uidere possint. quibus etiam curae erit, ut pueri, antequam cubitum eant, preces Deo offerant, idemque, cum surrexerint faciant. ipsi uero educatores non ante cubent, quam pueros omnes quietos, ac dormientes uideant. in his uero hominibus doctrinam non ualde requirendam puto, modo adsint mores incorrupti, et uita honestissime acta, ac prudentia quaedam pueris gubernandis necessaria. ipsi enim futuri sunt educatores,

res, ac magiſtri morum, et uitae huiuſmodi pue
rorum. magiſtris uero grammaticae, ac dialecticae nulla huiuſmodi cura educationis incũ-
bet: ſatis eis erit, ſi pueros in ſcholis doceant,
et quantum ad docendum opus erit, caſtigent.
quod, ſi hi praeceptores in collegijs habitare
poſſint, recte quidem erit, ſic tamen, ut praeci
puam curam ſtudendi, ac docendi ſuſcipiant,
et, ut ſeparata a pueris cubicula habeant. quod
ſi in collegio magnus aliquis numerus puerorum educari poſſit, tot aulas in eo eſſe uellem,
ut in ſingulis, plus minus, uiginti pueri cũ ſuis
educatoribus, atque illis omnibus, de quibus
ſupra dixi, morari poſſint. uellẽ quoque, ut ſi in
collegio alendi ſunt centum pueri ex reditibus
Seminarij, domus conducatur, in qua ducenti
pueri, atque adeo plures praeter famulos, habi
tare poſſint. nam uideo omnino futurum, ut
diuites, cum uiderint pueros illos tam bene in
collegio inſtitui, uelint etiã ibi filios ſuos educari, qui excludendi non erunt, cum ſuo ſum-
ptu alendi ſint, quin etiam poterit ab eis ſum-
ptus paulo largior peti, ut eo compendio plures pauperes iuuari poſſint. Propterea opto, ut
quando huiuſmodi aliquod collegium aedifi-
candum

candum erit, maximo ſi ciuitas, in qua aedifica
bitur, magna et ampla fuerit, ut in media ciuitate aedificetur; ſic tamen, ut amplam aream
habeat, amplificandoque aedificio locus relin
quatur. nam cum Lutetiae Parriſiorũ omnes
Principum, ac nobilium filii in collegiis illis
educentur, quid ſperandum eſt de huiuſmodi
collegiis, in quibus maiori cura, ac ſtudio ad
pietatem, et ad omnes bonas artes pueri inſti-
tuentur? in hoc tamen uellem nos illa collegia
Lutetiae imitari, ubi commode fieri poſſit, ut
grãmaticae quattuor, uel quinque praeceptores
res habeamus, quibus ſingulis ſui pueri attri-
buantur, ita, ut ſint in quaſdam claſſes diuiſi;
ſic pueri, qui in quarta, uel quinta claſſe erunt,
prima ſtatim rudimenta diſcent, et illa eis tam
diu inculcabuntur, donec ea perfecte intelligant. in tertia diſcent iam aliqua ex Terentio,
et ex epiſtolis M. Tullii, et dictata excipient. in
ſecunda, illa eadem, atque alia diligentius docebuntur, et epiſtolae ad imitationẽ Ciceronis
conſcribentur. in prima uero exactiſſime o-
mnia, quae ad oratoriam artem, ac poetas pertinent, docebuntur. quae quidem claſſium di-
ſtributio, ut experimento compertum eſt, uti-

de utilis, et perquam necessaria est, ut breui multa a pueris perfecte discantur. ubi tamen non erit ea facultas alendi tot praeceptores, unus, atque alter satis erunt, qui pueros, quo melius poterunt, doceant. uerum praeter disciplinam hanc, ad puerorum rectam educationem praecipue curandum est, ut domus collegii sit clausa, nec pueri quoquam sine praeceptoris uoluntate, atque iussu prodire possint, quibus tamen intra collegii spatia, et impluuium tempus aliquod ludendi pila, more puerorum, permittatur. semel etiam in hebdomada extra ciuitatem cum magistris, et educatoribus suis prodeant, ut ibi libere currere, atque exercere corpus possint. nam cum in omnibus, cum in pueris exercitatio quaedam, atque agitatio corporis ad tuendam ualetudinem perquam necessaria est. uerum, cum omnia fere cõstituerimus, unus ille deest, qui futurus est princeps, ac totius collegii gubernator, et scholae huius magister; ac sane ita est: sed tamẽ ad hoc munus obeundum in plerisque ecclesiis Hispaniae, sunt propriae dignitates, quas alii scholasterias, alii cabiscolias uocant: quas obtinentes in Ulteriore Hispania magistros scholarũ,

 in Ciin Citeriori capita scholarū appellamus: utroque tamē nomine idem officium significatur. nam quamuis in Toletana Ecclesia, et aliquot aliis ecclesiis Vlterioris Hispaniae sint magistri scholarum, et alii, quos uulgo cabiscoles nominant, in nostris ecclesiis Citerioris Hispaniae loco horum sunt succentores, quae dignitas quaedam est Ecclesiae Cathedralis, quales non sunt illi, quos ipsi succiantres appellant. ac, tametsi demus in illis ecclesiis, quae ditiores sunt plures esse dignitates, et plura officia, ex eo nō debet effici, ut in nostris ecclesiis hi desint, quos proprie possimus scholasticos nominare. et cum in multis non conueniant ritus nostrarum ecclesiarum, et illarum, non ex illis, sed ex iure communi explicanda sunt, quae in nostris ecclesiis fiunt. dubium autē non est, quod olim in plerisque ecclesiis erant illius scholae, de qua in principio dixi, Praefecti, quos alii magistros, alii capita scholae nominabant. lingua enim nostra, qua fere omnes Hispaniae Tarraconensis utimur, cabiscol, idem ualet, ac caput scholae, cui sane is non in choro tantum, sed ubique praeerat. neque enim possunt inania esse nomina dignitatum ecclesiasticarum, nec perest, esse aliqua antiqua dignitas in ecclesia, quae magnos reditus habeat, sine magna aliqua, et graui cura, atque officio: propterea horum scholasticorum munus in decreto attentitato, quantum fieri potuit, ad antiquum institutum fuit reuocatum: de quibus duo in eo statuuntur, alterum, ut in futurum non conferantur, nisi magistris, aut licentiatis in Theologia, seu iure canonico, et uiris idoneis; alterum, ut hi, qui nunc eas obtinent per se ipsos munus docēdi, quod sibi incumbit, obire nequeunt, nominent ordinariis idoneos, qui illud praestent: in quo si negligentes fuerint, ab ordinariis per subtractionem fructuum cogi, ac cōpelli possint: itaque, et in futurum recte, et in praesenti non male cōsultum est huic dignitati: uerum, quia hic scholae magister, uel ipsius substitutus, is esse debet, qui huic Collegio, et Seminario recte praeesse possit, ualde considerandum est, maxime in his ecclesiis, in quibus huiusmodi dignitates sunt magni momenti, ut non quiuis doctor, aut licentiatus, tanquam proprius scholae magister, uel substitutus admittatur; sed ita, si alias ad hoc munus idoneus fuerit, sic enim expresse in decreto cauetur: nam praeter

Theologiae, aut iuris canonici scientiam, ad gubernandum huiusmodi collegium, necessarius est in hoc principe magistro exquisitae bonarum artium doctrina; ut magistros idoneos possit eligere, quos tamen ipso suis praeceptis meliores efficiat, eis certam docendi rationem praescribendo. nam idonei praeceptores non ita facile inuenientur, multi tamen erunt apti, si certa illis ratio ab aliquo uiro ualde docto praescribatur.) in eo etiam necessaria erit honestas quaedam, ac sanctimonia morum, ut suo exemplo alii omnes instruantur, deinde prudentia quaedam singularis, ut omnia possit recte gubernare: nā ad ipsum, et reditus Seminarii, et cura omnis rei familiaris spectabit, qui quidē futurus est totius collegii, tamquam familiae unius pater. quod si difficile huiusmodi uirum posse inueniri, immo facile in magnis ecclesiis, de his enim nunc loquor, reperietur, si ei, uel dignitas ipsa cū integris fructibus, uel dimidia pars fructuum detur. cui etiam praebenda, uel aliquod aliud beneficium, interim dum integros fructus non percipiet, dari poterit. huiusmodi enim hominibus bonis, ac doctis; non solum hae, sed aliae omnes ecclesiasticae dignitates

debentur;

debentur; quae, cum alijs minus dignis, con sulto tribuantur, ui ac rapina ipsis auferuntur. ipsi tamen omnia aequo animo, ut Christianos decet, ferre debent, et iustum Dei iudicium pa tienter expectare; cum sibi hic iniquo homi- num iudicio indigniores praelatos uideant: porro hic scholae, ac Seminarii Praefectus, ac magister in collegio ipso, ut curam omnium habeat, habitabit; quem tamen Episcopo, et Canonicis deputatis rationem reddere oporte bit. Hoc autem tam exquisitum examen in his ecclesiis requiro, ubi hae sunt dignitates, ut, si haec cura adhibeatur, praestantes doctrina, ac uirtute uiri inueniantur, qui huius scholae cu- ram suscipiant: in aliis, quae melior cura adhi- beri poterit, ea adhibeatur; quod si nō ita egre gii uiri inueniri possint, his contenti simus, qui cum honestate uitae mediocrem litteraturam coniunctam habeant; quibus melius aliquod ecclesiae beneficium conferatur. quales uero pueri accipiendi sint, ut in hisce collegiis insti- tuantur, hisce uerbis decreti demonstratur. Certum puerorum ipsius ciuitatis, et dioecesis, uel eius prouinciae, si ibi non reperiantur, nu merum, etc. ex quibus uerbis constat, uoluisse

Synodum,

Synodum, ut inter homines eiusdem prouinciae communio sit omnium rerum, et beneficiorum ecclesiasticorum; ac sane absurdum est, ut in alendis, et instruendis hisce pueris communicent, quibus tamen post modum nullum beneficium, si alterius Regni fuerint, ob impedimentum pragmaticarum conferri possit. quare, cum recte in Tridentina Synodo constitutum sit, quibus singula beneficiorum genera conferri debeat, uel pragmaticae illae omnino abrogandae essent, uel ita interpretandae, ut inter homines eiusdem prouinciae esset beneficiorum communicatio, sic tamen, ut data paritate, clericus propriae dioeceseos alteri praeferatur. quo modo enim, et in Synodum prouincialem conuenire, et se mutuo in hisce collegiis iuuare poterunt, nisi in beneficiis communicent? et cum ad unitatem omnis ecclesiastica disciplina respiciat; nos eo modo, non solum prouincias, sed dioeceses discerpimus; ut in Ilerdensi, Dertusensi, et Tirasonensi, aliisq; Episcopatibus contingit: quod omnino corrigendum est; eoque ius commune reuocari debet: nam multo iniquius est, ut aliquis natus in Toletana prouincia, in prouincia Hispalensi

beneficium

beneficium consequatur, cum stipendia clericorum, qui in illa Ecclesia laborarunt, praeri-
piat, sicut habetur in c. nec emeritis. et c. nullus
uers. habeat unusquisque 61. dist. quum, quod
alicui illius patriae dioeceseos Ilerdensis, quae
est in regno Aragonum, beneficium in prouin
cia Tarraconensi conferatur. cum in rebus ecclesiasticis, non diuisio Regnorum, sed diuisio
prouinciarum more ecclesiastico facta, spectan
da sit. quod Innocentius III libro secundo epi-
stolarum, ad Petrum Compostellanũ scribens,
aperte demonstrat. ad quod etiam can. 12. Concilii Chalcedonensis aptissime referri potest.
cui rei nescio qua caussa Principes saeculares
repugnare uelint, cũ nullo iure possint. sed nũc
ad alia transeamus: quaeret aliquis, quaenam
erit ea ciuitas, uel dioecesis, quae non habeat
pueros, quos oporteat bene ac diligenter institui? ad quod respondendum est, ad hoc Seminarium non
quoscumque pueros esse cooptandos, sed pau
peres, et rebus sacris idoneos. Accidere autem poterit, ut in aliquo Episcopatu ob raritatem hominum, non ita facile huiusmodi pueri reperiantur, quod quidem raro euenerit, sed si contin
gat, tunc poterunt ex prouincia assumi, alias

iustum,

[illegible] in propria [illegible], [illegible] alios, quae [illegible] pueri [illegible], sine hereditate bona in-[illegible] uoluntas suscipiendi ecclesiae. Sed dicet aliquis, unde [illegible] quibus argumentis hanc deprehendemus, maxime, quod hi pueri sint inseruituri perpetuo ministeriis ecclesiasticis? Sane certa argumenta huius rei uix esse possunt: iudicium si parentes ostendant se id omnino uelle, et cum sint pauperes, poterunt sperare melius filiis esse futurum, si filium habeant sacerdotem, et doctum; hoc non est malum argumentum: quod si accedat uoluntas filiorum, et bona indoles, bene sperandum erit. nam hi pueri, si recte instituantur, et spem certam habeant beneficii consequendi, si idonei fuerint, facile et idonei ad ministerium, et ad gubernandum ecclesias euadent. quod si tamen temporis processu si uiderit Episcopus non esse rebus ecclesiasticis idoneos, aut eis hoc uitae genus non placere, poterit illos eiicere, ut aliud uitae institutum sectentur. pauperum uero filios praeponi eligi uult Sancta Synodus, quia hi maxime debent ab ecclesia nutriri, et ali; et quia sunt ad obedientiam aptiores: de quibus certior est spes, quam de diuitibus, quod ecclesiae perpetuo deseruient, a qua educati fuerint; et a qua possunt meiora beneficia, quã ex paterna hereditate expectare. hoc uero diligenter est considerandum, ut in quibus dioecesibus erunt loca aliqua asperiora, maxime si horum locorum sint tenuia beneficia, ex illis maxime locis accipiantur aliqui pueri, qui in hoc collegio alantur. nam hi postea facilius ad ea loca, tamquam ad patrium solum, in quo suos cognatos, et bona aliqua habebunt, reuertentur; cum alios uix inuenire possemus, qui eo ire uellent. ditiorũ tamen filii non excluduntur; quia et in his multi reperiuntur, qui Christiana quadam pietate, maxime si accedat optima institutio, solent paternas hereditates, etiam amplissimas, ut Christo seruiant, negligere. in his uero non ita magna cura adhibenda erit, an uelint omnino ecclesiastici euadere; satis erit, ut ab eo instituto non abhorreant, et honestam quandam indolem prae se ferant. nam cum suo sumptu alantur; nihil peribit reditibus Seminarii, si illi ecclesiastici non efficiantur; et Reip. plurimum utilitatis accedet; si habeat nobiles uiros bene educatos et modestos. ac sane quanto maior

erit

erit horum iuuenum numerus, tanto maior au ctoritas, et utilitas collegio accedet. uerum, ut concordia inter eos seruetur, et diuites in eo maxime loco modestiam discant, et superbe agere dediscant; in uestitu, uictu, atque aliis omnibus, nullum penitus discrimen sit inter filios diuitum, ac pauperũ. quod si pauper propterea insolentius agere cœperit, acriter puniatur. et in hoc summa cura adhibeatur, ut in eo loco discat nobilis ac dites pauperem, ut fratrem amare, ac tractare; et pauper, ubi res feret, diuiti caedat, eumq. obseruet. porro pueri hi diuidi in quasdam classes debent, ut in decreto praecipitur. uerum diuisio haec classium poterit esse duplex, altera iuxta aetatẽ, ita ut maiores natu in prima classe sint, minores in altera. quae ratio poterit seruari in his, quae domi facienda erunt in uilioribus officiis, ita ut maiorum ac nobiliorũ aliqua ratio habeatur, modo id ipsi non intelligant. quando etiã ad mensam accumbent, iustum est, ut grandiores praecedant. quod si fuerint aliqui sacris initiati, hi iuxta graduum suorum rationem inter se, atque aliis omnibus non initiatis praeferantur. In ratione uero studiorum, ac disputationum alia diuiſio claſſiũ facienda erit, nempe eo modo, quo ſupra dixi: neceſſe enim eſt, ut doctiores, etiam ſi minores natu fuerint, aliis praeſerantur. quod efficiet, ut illi incitentur ad ſtudendum diligentius, ne minoribus cedere cogantur. ea uerba decreti. Partim, cum ei opportunum uidebitur, eccleſiarum miniſterio addicet; partim in collegio erudiendos retinebit; aliosq. in locum eductorũ ſufficiet; ita, ut hoc collegium Dei miniſtrorum perpetuum Seminarium ſit; ad eos, qui prima tonſura inſigniti ſunt, referri debent. nam canone ſexto reformationis in hac ſeſſione edito, ſic ſtatuitur. Vt ille alicui eccleſiae ex mandato Epiſcopi inſeruiat, uel in Seminario clericorum, aut in aliqua ſchola, uel uniuerſitate de licentia Epiſcopi, quaſi in uia ad maiores ordines ſuſcipiendos uerſetur. ita, quod hic dicitur, hoc ſignificat: ut ex his pueris, qui prima tonſura inſigniti fuerint, Epiſcopus, ſi ita opus fuerit, partem aliquibus eccleſiis attribuat, ut in eis, maxime diebus feſtis, inſeruiant: partem uero ita in collegio retinebit, ut nulli eccleſiae eos addicat; quia ei rei fortaſſe apti non erunt, cum tamen ſint ad ſtudia aptiores. itaque hoc prudentiae

Epiſcopi

Episcopi relinquendum est, et eorum, qui curam huiusmodi collegiorum habebunt, iis his quinque uerbis decreti, quae deinceps sequuntur: ut uero in eadem disciplina etc. multa Patres complecti uoluerunt, quae non uno, eodemq. tempore, neque in quouis collegio efficienda erunt, sed fient, ubi, et quando fieri poterunt. uerum singula diligenter, et quae magis necessaria sunt consideremus. primum in quouis collegio necessarii sunt minimum duo magistri, alter grammaticae, alter cantus. praeterea aliquot honesti ecclesiastici, uel alii probi uiri, qui curam uitae, ac morum puerorum habeant, qui in collegio habitent, et semper cum pueris uersentur, de quibus omnibus supra late tractauimus. praeter hosce magistros grammaticae, et cantus, est quoque necessarius professor aliquis, qui dialecticam, et philosophiam doceat, et si amplum erit collegium, et magna ciuitas, in quo erit situm, ut scholastici non desint, singulis annis poterit nouus professor rudimenta dialecticae docere, ita, ut ille, qui anno superiore coeperit, ad alia difficiliora docenda progrediatur. Ac postquam grammaticae, dialecticaeq. praeceptis imbuti, et in phi-

losophia

losophia uersati fuerint, de illis, qui excellentis ingenii esse reperientur, aliqua ratio iniri poterit ex eleemosynis hominum ditiorum; si ipsi adeo pauperes fuerint, ut ad aliquã praecipuã Academiam mittãtur, ubi operam, ac studium in Theologia, uel Iure canonico ponant. alii, quales multi reperiuntur, qui mediocris sunt ingenii, et honestae ac probatae uitae, poterũt domi manere; et quo melius poterunt, studiis rerum ecclesiasticarum uacabunt. nam in praecipuis ciuitatibus lectio canonici, qui praebendam Theologalem habebit, deesse nõ poterit: in quibus etiam facile effici poterit, ut aliae lectiones Theologiae legantur: uel datis salariis ex fructibus Seminarii, uel Episcopo, et primariis uiris ciuitatis id procurantibus. porro hi, qui domi manebũt, maxime exercendi erunt, ut dicitur in decreto, in his, quae ad confessiones audiendas opportuna uidebuntur, et in legendis homiliis Sanctorum. nã hi ualde erunt apti atque idonei, ut ad parroecias rusticorum mittantur. cum illi excellentioris ingenii potius sint in ciuitatibus, datis eis praebendis, uel dignitatibus ecclesiasticis retinendi, aut praeficiendi instruendis parroeciis ciuitatum, uel ad inad insigniores pagos mittẽdi. Ex His ergo quae diximus, habita ratione, quid quoque tempore faciendum sit, apparet, ea, quae nobis in hac parte illius decreti confusa, et nimia uidebantur, posse facile praestari: quod autẽ praecipue pertinet ad institutionẽ horum puerorum, est, ut frequenter confiteantur. hoc uero Synodus annotauit, et huius rei tam necessariae procurandae curam Episcopo iniunxit. qui si hoc neglexerit, ut saltem singulis mensibus confiteantur, ut in decreto dicitur, peccabit grauissime, tanquam negligens horum puerorum rectam institutionem. quod si ipsi uelint saepius confiteri, non solum hoc eis permittendum est, sed ad hoc etiam hortandi sunt, ac monendi. hoc uero intelligendum est de iunioribus, antequã sint subdiaconi; nam de subdiaconis, et diaconis canone tertiodecimo huius sessionis dicitur: sciantq. maxime decere, si saltem diebus dominicis et sollemnibus, cum altari ministrauerint, sacram cõmunionem perceperint. unde subdiaconi, non solum singulis mensibus, sed singulis diebus festiuis debent sacram communionem percipere. quam si frequentius sumere uelint, ualde probandũ est. Quae omnia

atque

acque alia ad hanc rem opportuna, et necessaria Episcopi singuli cum consilio duorum canonicorum seniorum, et grauiorum, quos ipsi elegerint, prout eis Spiritus sanctus suggesserit constituent: in hoc decreto, qui etiam debent esse executores huius decreti. At praecipuus quidem est Episcopus: ipsum tamen oportet sibi assumere duos ex canonicis senioribus, et grauioribus, quorum consilium requirere debeat, non tamen sequi, si uiderit spectare ad impediendam constitutionem, ac conseruationem huiusmodi collegiorum. nam si negligentia aliqua exhibebitur in erectione collegii, de ea Episcopus acriter arguendus est, et cogendus a Synodo prouinciali, uel a suo Metropolitano, ut eam erectionem praestet, ut prope finem ipsius decreti dicitur. quare, cum Episcopus, non canonici arguendi sint, ad Episcopum proprie ea cura pertinet: et de modo tantum constituendi ea, quae necessaria sunt, capiendum est a canonicis consilium. nam quod collegia haec constituenda sint, aperte hoc decreto statuitur; et eorum omnium consilia reiicienda erunt, qui hoc aliquo modo impedire curabūt. huc quoque pertinet, quod deinceps dicitur, Idem Episcopus

scopus etc. Ac sane de modo exequendi hoc decretum, ut ille modus quaeratur, qui magis possit ecclesiae conuenire, et minus nocere, in hoc requirendum erit omnino consilium illorum canonicorum, et clericorum. uerum; si illi obliquis aliquibus consiliis, uelint institutionem, et erectionē huiusmodi collegii impedire, nullo modo erunt audiendi. ut uero huiusmodi collegia constitui, et post modum conseruari possint, recte Synodus Tridentina, unde sumptus ad eam rem necessarii sumendi sint, declarauit. Ex fructibus integris mensae Episcopalis, et Capituli, et quarumcumque dignitatum, personatuū, officiorum, praebēdarum, portionum, Abbatiarum, et prioratuum, etc. his enim uerbis omnia beneficia continentur, ex quibus detrahenda est portio, de qua ibi agitur. quae quidem ex integris fructibus detrahenda est, non secundum taxam, aut iuxta aliquam aliam rationem non adeo iustam; quia hic non agimus de rebus odiosis, sed de re omnium iustissima, atque honestissima, et a nobis, qui aliqua beneficia ecclesiastica obtinemus, omnino debita. dicet aliquis, quaenam tibi portio uideretur aequa, atque iusta? mihi placeret decimam partem omnium fructuum, huic Seminario attribui, tamen, si haec negaretur, contentus essem uigesima: hoc uero optarem ecclesiasticos omnes cõsiderare, quod nullã alia uia est restinguendi odium laicorũ in aduersus nos concitatum, et sitim, qua ardere uidentur ad exhauriẽda bona ecclesiastica, quã si nos iuste, ac recte ea distribuamus: quae enim alia ratio induxit Germaniae Principes; ut quã partem potuerunt bonorum ecclesiasticorum occuparint? nisi, quod dicerent ea luxui, comessationibus, atque aliis uitiis seruire. quid alios quoque Principes, et uiros Catholicos, ut hisce ecclesiasticis bonis inhient, mouet? nisi, ut, quia perire illa, nec seruire Deo existimant, melius esse putent, Rempub. eis iuuari, quã quod luxui, uel alicui cõsanguineo tradantur. itaque, si uolumus hos ipsos Catholicos uiros, non solum nostra non appetere, sed sua ecclesiis donare, incipiamus aliquando ea recte distribuere; et efficiamus, ut reditus ecclesiastici, non tam nostris commodis, quam Reipub. seruiãt. dicet aliquis, si in amplis Episcopatibus uigesima mẽsae Episcopalis, atque aliorum omnium beneficiorum detrahetur, maxima quaedam

pecuniae

pecuniae summa conficietur: utinam ita eueniat; tum enim nō unicum collegium, sed plura in dioecesi, ubi commodius fuerit, constituentur, ut in fine decreti dicitur. possēt etiam aliquid amplius in hisce ditioribus episcopatibus, collatis totius prouinciae rationibus, effici; quae res in Hispania erit factu facillima, et erit quam maxime utilis. nempe, ut ex beneficiis, et portione, quae Seminariis in tota prouincia attribuetur, detrahantur sex millia aureorum, aut minimum quattuor millia, ut ex iis, in loco prouinciae commodiori, Academia cōstitui possit; in qua bonae omnes artes, praesertim, quae ad disciplinā ecclesiasticam pertinent, doceantur. nam cum Hispania tam late pateat, ut non solum multos populos, sed uarias quodam modo gentes habeat; oporteret in ea esse multo plures Academias. ad hoc uero negotium omnino uellem Tarraconensem, et Valentinam prouincias, pro una prouincia cōputari, quia sic olim erat: quod etiam facile fieri poterit, cum moribus, ac lingua conueniant, et necesse sit ad hanc rem conficiendam, ut inuicem rationes suas communicent. Idem posset effici in Caesaraugustana, additis ei ad hoc

 aliqui-

aliquibus Episcopatibus exemplis, idemque ac
illa loco facilius efficientur. Toletana ecclesia hoc
in re non ita necessarium uidetur, ob uicinitatem Salmanticensis, ac Complutensis Academiarum; augeatur in ea prouincia quam maximus numerus Seminariorum. In Compostellana arbitror id esse pernecessarium, ut regio illa
Gallecorum magna et ampla, cultior, et litterarum peritior efficiatur. porro in Ispalensi, et Granatensi prouinciis, quae longe a Salmanticensi
Academia absunt, arbitror, hoc non minus esse necessarium, quam in Tarraconensi, ac Valentina: esset uero commodius, ut Ispalensis, et
Granatensis prouinciae rationes suas ad hanc
Academiam constituendam communicarent;
sicut de Tarraconensi, ac Valentina dixi: de Bracharensi, et Vlissiponensi Lusitani cogitabunt.
Ac sane ratio hoc efficiendi non adeo difficilis
est, ut potest aliquibus uideri, qui socordia quā-
dam, uel nequitia, nihil unquam moueri uellent, quod eorum rationibus posset aliquo modo officere. nam in nostris illis prouinciis Tarraconensi, et Valentina, si ad hanc rem eligi-
retur Ilerda, quae iam antiqua est Academia, si
illis reditibus, quas ipsa habet, quattuor millia

aureorum

aut consilio adderentur, et optima ratio eius con
stituendae, ac gubernandae iniretur, posset effi
ci optima Academia, et cum quibusuis maximis Academiis comparanda. nec uero abest a
sententia huius decreti haec constituendae
Academiae ratio: nam in eo concedi tur, ut
uideatur, ut huiusmodi collegia in Metropoli
tana, uel in alio loco ipsius prouinciae constituenda sint, ut ubi commodius uidebitur, ibi
collegia construantur. Academia uero constituta, possent processu temporis, in ea etiam sin
gulorum Episcopatuum singula collegia con-
strui, ad quae illi, qui domi in proprio Semina
rio, grammaticae et dialecticae praeceptis imbuti essent, mitterentur; ut ibi sub eadem morum, ac uitae disciplina in collegiis degentes, o-
mnibus bonis artibus, atque in primis Theolo
giae, uel Iuri canonico operam darent. nam si
ad dignitates, canonicatus, ac parrocias guber-
nandas, boni ac docti uiri eligi debent, ut sane
debent, necesse est, ut Academiae constituantur, ubi id cōmode effici possit. non enim con
uenit iuuenes nimis longe uagari, hoc praesertim tempore, in quo facile mali bonorum mo
res corrumpunt. constituendum etiam erit, ut

inter

inter eas omnes dioeceses, ac prouincias, in quibus haec erit morum, studiorum, ac reliquarum omnium rerum coniunctio, sit quoque communio beneficiorum ecclesiasticorum, neque ullis cōstitutionibus; aut pragmaticis hoc impediatur; ne caritas, et cōiunctio hominum eiusdem prouinciae, hoc impedimento minui uideatur. uerum ab hac lege dandi portionem aliquam ad hoc collegium, et seminarium, excipiuntur illa collegia, quae actu habent Seminarium discentium, uel docentium ad commune ecclesiae bonum; quae tamen exempta esse debent, tantum ratione fructuum, qui ad conseruandum illud collegium sunt necessarii: nam pro illis, quae supersunt, debent etiam portionem suam tradere. quo sane nomine cōprehenduntur omnia collegia Salmanticensis, Complutensis, Parisiensis, ac Louaniensis, Academiarum, atque alia huiusmodi: regularium quoque collegia, in quibus illa etiam cōtinentur, quae nuper a Reuerendis uiris societatis Iesu reguntur, ac gubernātur, de quibus proprie fuit cogitatum, hac exceptione cōprehenduntur. ex monachis uero excepti sunt mendicantes; ex militiis tantum excepta est militia Sancti

cti, Ioannis Hieroſolymitani: nã reuera hi ea,
quae ſunt muneris ſui exercent: quorum facul
tates, cum in locis haereticorum ualde ſint di
minutae, et in aliquibus locis omnes ſint illis
ſubtractae; iniquum uideretur, ſi a nobis quoque illis ſubſidia neceſſaria negarentur. prae-
ſertim, cum nulli ſint, qui pro uirili ſua portio
ne, tam bene, et tam fortiter Rempub. a piratis
tueantur: propterea haec exceptio, in hac tan-
tũ militia, Patribus fuit probata. additur praete
rea haec clauſula in eo decreto, quae tota, quia
maximi momẽti eſt, ualde eſt notanda. Nec nõ
beneficia aliquot ſimplicia cuiuſcumque qua-
litatis, ac dignitatis fuerint, uel etiam praeſtimo
nia, uel praeſtimoniales portiones nuncupatae,
etiam ante uacationẽ, ſine cultus diuini, et illa
obtinentium praeiudicio, huic collegio appli-
cabuntur, et incorporabunt. quibus uerbis datur facultas Epiſcopis uniendi omnia genera
ſimplicium beneficiorum. hiſce autem unionibus, breui tempore erit optime cõſultum hu
iuſmodi collegiis, et beneficia alia erunt libera, ac praeſtimonia, et ſimiles portiones ei rei
ſeruient, ob quam fuerunt inſtitutae. in Hiſpa
nia enim ex parochialibus ditioribus, fuerunt

huiusmodi portiones detractae, quae praesti-
monia uocantur, ut ex illis redditibus pauperes scholastici, sine ullo ecclesiarum incom-
modo ali recte in Academiis possent, ut dilige-
tius operam sacris studiis darent, in aliquibus
uero Hispaniae Episcopatibus, sunt quidem
eaedem ille portiones, quae tamen non prae-
stimoniales, sed tertiae, uel quartae partes ap-
pellantur; quia sunt tertiae, uel quartae partes
ex parrochialibus detractae, ut eisdē scholasti-
cis darentur. tales sunt multae in Maioricensi
dioecesi, de quibus idem habendum est iudicium, ac de praestimonialibus portionibus.
nam ut tales habitae fuerunt in Sacro Apostoli
co auditorio, sicut est in decisionibus Rotae
dec. 583 de conces. preben. in an. quod si alicu-
bi aliquae sunt huiusmodi portiones, idem de
illis quocumque nomine appellentur, iudican
dum erit; maxime, cum de re honesta, sentia, et,
ut nostri loquuntur, maxime fauorabili tractetur. possunt uero huiusmodi beneficia, ac prae
stimoniales portiones Episcopi hisce collegiis
unire, etiam ante uacationem, modo sine cultus diuini, et illa obtinentiū praeiudicio, hoc
fiat. quae uerba sic intelligenda sunt, ut praeiudicium

i[illegible] illa [illegible] durat, qui[illegible]
li [illegible] possint illis, [illegible]
[illegible] priuat, [illegible] generalis
[illegible] ipsi [illegible], ut infra dicetur, [illegible]
[illegible] ea beneficia resignant. [illegible]
quod in [illegible] beneficiis considerandu
est, temporarium esse [illegible] ui
[illegible] cultus diuini est perpetuu, quod
[illegible] durat. est autem, ut, si pro
pter beneficia illa, uel praestimonia, aliquid esset in ecclesia agendum, ut iusta aliqua portio
[illegible] tribueretur, quid in ecclesia
[illegible] debent [illegible]
[illegible] non est, ut [illegible]
bemus, aliquid detrahamus. propterea uidetur
Episcopi, [illegible] beneficia huiusmodi colle
gijs [illegible] omnino libera, neque in ali
[illegible] officia [illegible] ubi [illegible]
[illegible] beneficia
[illegible], quae [illegible], nec pagum, nec lo
cum ullum habentia, [illegible]
quamuis a principio, [illegible]
[illegible] illis [illegible] huiusmodi beneficia,
[illegible], sine regula [illegible]
[illegible] hisce collegiis [illegible] esse.

[illegible] de [illegible] pro [illegible] legitimam, in quibus [illegible], alij [illegible] pro alicuius beneficia [illegible] quae in
[illegible] possint
[illegible]
[illegible] Quod [illegible] beneficia sint
reseruata, uel affecta, nec per resignationem, ipsorum beneficiorum uniones, et applicationes
suspendi, [illegible] impediri possint [illegible]
[illegible] quae [illegible]
[illegible] effectum [illegible] sortiatur, [illegible] con-
stitutione non obstante [illegible] clausula
omnia comprehensiua sunt, quae uidebantur [illegible]
[illegible] harum unionum impedire posse, itaque
resignari in fauorem [illegible] haec
beneficia sic unita non possent: et uerba illa:
nec per resignationem, ipsorum beneficiorum
uniones, et applicationes suspendi etc. intelligenda sunt de resignatione facta in fauorem corum [illegible] resignatione facta [illegible]
rans Ordinario intelligi non possunt: quia in
ea nulla erat [illegible], quin [illegible]
effectum [illegible], si possidens beneficij [illegible]
illud resignaret in [illegible]
[illegible] casus [illegible] probabilis [illegible]

[illegible] intelligenda, [illegible]
in Collegii: illa verba, etiam si in Curia effectum
sit non sortiantur, intelligo de his, qui in Curia
decesserunt [illegible] litigiosis tantum
haec intelligenda; [illegible] Patres huiusmodi collegii [illegible] uerum
si beneficium [illegible] mentione possessionis [illegible], [illegible] per unionem in locum
defuncti Collegii [illegible] ius sta-
tim esse Collegio acquisitum, quod ipsi non
posset per [illegible] uerum, ante
quam huiusmodi unionem beneficiorum [illegible]
[illegible] ab Episcopis [illegible] considerari,
[illegible] Episcopi in suo Episcopatu
et dioecesi, quae collegia huiusmodi constitui
possint, a quibus [illegible], maxime in Hispania, ut [illegible] Academia in aliqua parte prouinciae [illegible], quod si
haec omnia in Conciliis prouincialibus [illegible]
buntur [illegible], quod ad Academiam pertinet, recte erit, [illegible] maior
[illegible] authoritate [illegible] id Concilio prouinciali singuli Episcopi [illegible]
[illegible]
sui Episcopatus [illegible] collegiis huiusmodi

[illegible] habeant, [illegible] opime aliri poterit, ut tot beneficia simplicia his collegiis in perpetuum uniantur, cum quorum redditibus illa collegia competenter, quae in singulis Episcopatibus pro Academia instituenda erit, commode sustineri possit: [illegible] illa beneficia, constituendum erit, ut ex singulis beneficiis ea portio accipiatur, quae illorum summam efficiat. Itaque in amplis Episcopatibus, ubi sunt plurima beneficia, quae commode uniri possint, res erit facta facillima, et breui tempore omnia beneficia erunt libera ab illa portione: in aliis Episcopatibus fiet, ut commodius poterit; cum nulla beneficia fuerint, quae uniri possint, in omnibus magna portio imponetur beneficiis, nisi illa essent ualde opima; quia illa semper erit soluenda: itaque ea ratio iusta, et honesta in constituendis his collegiis spectanda est, ut collegia ipsa omnino, quo commodius fieri poterit, constituantur; sed uideamus ne beneficia nimium grauentur, maxime si nulla est spes illa ex unionibus posse liberari: et haec de unionibus, et aliis ecclesiis: uerum quid in cathedralibus ecclesiis faciendum sit, Synodus Tridentina in decreto non neglexit.

Si uero

Si uero in aliqua prouincia, Ecclesiae tanta paupertate laborarent, ut collegium in aliquibus
erigi non possit; Synodus prouincialis, uel Metropolitanus cum duobus antiquioribus suf-
fraganeis, etc. quibus uerbis consulitur illis prouinciis, quorum Episcopatus magna paupertate laborant, et statuitur, ut si in dioecesi nõ potest cõstitui hoc Seminarium, Synodus prouincialis, uel si ea non potest facile conuenire, Metropolitanus cum duobus antiquioribus suf-
fraganeis constituat, ut uel in Metropolitana, uel in alia prouinciae ecclesia commodiori,
unum, uel plura collegia constituantur, quod
si unum tantum constituendum erit, quod sane conuenientius erit, ut unum amplum, uel
mediocre, quam quod plura parua collegia eri-
gantur; tum poterit ea ratio iniri, ut pro modo
portionis, quam ille Episcopatus dabit, tot pueri ex eo Episcopatu in eo collegio alantur, habita ratione sumptuum, pro more illius loci, ita,
ut omnia, quae in uictu et uestitu pueris necessaria erunt, computentur. exempli caussa: sunt
tres Episcopatus, qui simul unum collegium
uolunt constituere, et ab uno Episcopatu datur centum, ab alio ducentũ, ab alio trecentum,

aurei:

ad [illegible]
[illegible] in [illegible]
cia singulis partes [illegible], uiginti [illegible] ergo ex illo Episcopatu, qui [illegible], alen-
tur quinque pueri, ex altero [illegible], ex hoc [illegible]
tio quindecim. quod intelligo, [illegible] illa
portione, quae pro [illegible] sala-
rio magistrorum, et rebus aliis necessariis [illegible]
henda est: in omnibus uero rebus nulla inter
eos facienda erit inaequalitas, nisi [illegible] illarum
classium diuisionem, de qua supra diximus, ea
enim omni paritate, quo [illegible] inter
ipsos [illegible]. Idem quoque fieri poterit, si duo Metropolitani sint, qui pauciores, uel
nullos habeant suffraganeos, ut omnes [illegible]
[illegible] ne simul conueniant, et locum commodiorem eligant, in quo Seminarium constituatur, in
quo ipsi Metropolitani, atque Episcoporum suffraganei suos pueros mittant, iuxta eam rationem, de
qua supra dixi, quae sane aequalis, et facillima [illegible]
uis, ut puto, uidebitur. [illegible] uel [illegible]
tentiores Episcopi hanc constructionem [illegible]
giorum, pro suo modo facultatum, [illegible]
xerint, uideo ab eis seuerissimo iudicio rationem
esse reddendam, et grauissimas poenas esse negligentibus inferendas: eos tamen alii, etiam

si Episcopi nō ſint, uel in Synodo prouinciali, non minus ipſi eos moneant, ac cogant ſub poenis, [illegible]
ris [illegible] hec [illegible] ponerentur, ſed [illegible]
quod [illegible] diligentiſſimis Episcopis ſperandū
eſt; [illegible] neceſſaria, [illegible] qui
diligentiſſime agunt; [illegible] Dei negligentia [illegible] uerum nec ob aliquas diffi-
cultates [illegible] neceſſaria [illegible] collegio [illegible] con-
ſtitutio [illegible] impediri poſſit; [illegible]
ma clauſula, qua ampliſſima facultas Episcopis
cum duobus deputatis, uel Synodo prouinciali in hiſce [illegible] modo Epiſcopus cum deputatis, uel Synodus prouincialis [illegible] ſpectare debent;
ut quam diligentiſſime inſtitutio, et conſerua-
tio huiuſmodi Seminariorum conſtituatur; ac
[illegible] quam diligentiſſi-
me, [illegible] notanda uero eſt admodum haec clauſula, [illegible] quidem,
ſed [illegible] quae maxime [illegible]
[illegible] hec Dei ne-
[illegible] ſtudioſque [illegible]
rēq; ac perfectione [illegible]

DE

placeret decimam partem omnium fructuum, huic Seminario attribui, tamen, si haec negaretur, contentus essem uigesima: hoc uero optarem ecclesiasticos omnes cōsiderare, quod nulla alia uia est restringendi odium laicorum aduersus nos concitatum, et sitim, qua ardere uidentur ad exhauriēda bona ecclesiastica, quā si nos iuste, ac recte ea distribuamus: quae enim alia ratio induxit Germaniae Principes, ut quā partem potuerunt bonorum ecclesiasticorum occuparint? nisi, quod dicerent ea luxui, comessationibus, atque aliis uitiis seruire. quid alios quoque Principes, et uiros Catholicos, ut hisce ecclesiasticis bonis inhient, mouet? nisi, ut, quia perire illa, nec seruire Deo existimant, melius esse putent, Rempub. eis iuuari, quā quod luxui, uel alicui cōsanguineo tradantur. itaque, si uolumus hos ipsos Catholicos uiros, non solum nostra non appetere, sed sua ecclesiis donare, incipiamus aliquando ea recte distribuere; et efficiamus, ut reditus ecclesiastici, non tam nostris commodis, quam Reipub. seruiāt. dicet aliquis, si in amplis Episcopatibus uigesima mēsae Episcopalis, atque aliorum omnium beneficiorum detrahetur, maxima quaedam

pecuniae

pecuniae summa conficietur: utinam ita eueniat; tum enim nō unicum collegium, sed plura in dioecesi, ubi commodius fuerit, constituentur, ut in fine decreti dicitur. posset etiam aliquid amplius in hisce ditioribus episcopatibus, collatis totius prouinciae rationibus, effici; quae res in Hispania erit factu facillima, et erit quam maxime utilis. nempe, ut ex beneficiis, et portione, quae Seminariis in tota prouincia attribuetur, detrahantur sex millia aureorum, aut minimum quattuor millia, ut ex iis, in loco prouinciae commodiori, Academia cōstitui possit; in qua bonae omnes artes, praesertim, quae ad disciplinā ecclesiasticam pertinent, doceantur. nam cum Hispania tam late pateat, ut non solum multos populos, sed uarias quodam modo gentes habeat; oporteret in ea esse multo plures Academias. ad hoc uero negotium omnino uellem Tarraconensem, et Valentinam prouincias, pro una prouincia cōputari, quia sic olim erat: quod etiam facile fieri poterit, cum moribus, ac lingua conueniant, et necesse sit ad hanc rem conficiendam, ut inuicem rationes suas communicent. Idem posset effici in Caesaraugustana, additis ei ad hoc

 aliqui-

aliquibus Episcopatibus exemplis uidemus; et multo facilius efficietur in Toletana: ac si hoc in ea non ita necessarium uidetur ob uicinitatem Salmanticensis, et Complutensis Academiae solum; augeatur in ea prouincia quam maximus numerus Seminariorum. In Compostellana arbitror id esse pernecessarium, ut regio illa Gallecorum magna et ampla, cultior, et litterarum peritior efficiatur: porro in Ispalensi, et Granatensi prouinciis, quae longe a Salmanticensi Academia absunt, arbitror, hoc non minus esse necessarium, quam in Tarraconensi, ac Valentina: esset uero commodius, ut Ispalensis, et Granatensis prouinciae rationes suas ad hanc Academiam constituendam communicarent; sicut de Tarraconensi, ac Valentina dixi: de Bracharensi, et Vlisiponensi Lusitani cogitabunt. Ac sane ratio hoc efficiendi non adeo difficilis est, ut potest aliquibus uideri, qui socordia quadam, uel nequitia, nihil umquam innouari uellent, quod eorum rationibus posset aliquo modo officere: nam in nostris illis prouinciis Tarraconensi, et Valentina; si ad hanc rem eligeretur Ilerda, quae etiam antiqua est Academia; si illis redditibus, quas ipsa habet, quattuor millia

aureorum

aut [illegible] in id [illegible], et optima ratio eius cō-
stituendae, ac gubernandae iniretur, posset effici optima Academia, et cum quibusuis maximis Academiis comparanda. nec uero abest a
sententia huius decreti haec constituendae una
Academiae ratio, nam in eo concedimus, ut
uideatur, ut huiusmodi collegia in Metropolitana, uel in alio loco ipsius prouinciae constituenda sint, ut ubi commodius uidebitur, ibi
collegia construantur. Academia uero constituta, possent processu temporis, in ea etiam sin
gulorum Episcopatuum singula collegia con-
strui, ad quae illi, qui domi in proprio Semina
rio, grammaticae et dialecticae praeceptis imbuti essent, mitterentur; ut ibi sub eadem morum, ac uitae disciplina in collegiis degentes, o-
mnibus bonis artibus; atque in primis Theolo
giae, uel Iuri canonico operam darent. nam si
ad dignitates, canonicatus, ac parrocchias guber-
nandas, boni ac docti uiri eligi debent, ut sane
debent, necesse est, ut Academiae constituantur, ubi id cōmode effici possit: non enim con
uenit iuuenes nimis longe uagari, hoc praesertim tempore, in quo facile mali bonorum mores corrumpunt. constituendum etiam erit, ut

inter

inter eas omnes dioeceses, ac prouincias, in quibus haec erit morum, studiorum; ac reliquarum omnium rerum coniunctio, sit quoque communio beneficiorum ecclesiasticorum, neque ullis cóstitutionibus, aut pragmaticis hoc impediatur; ne caritas, et cóiunctio hominum eiusdem prouinciae, hoc impedimento minui uideatur. uerum ab hac lege dandi portionem aliquam ad hoc collegium, et seminarium, excipiuntur illa collegia, quae actu habent Seminarium discentium, uel docentium ad commune ecclesiae bonum; quae tamen exempta esse debent, tantum ratione fructuum, qui ad conseruandum illud collegium sunt necessarii: nam pro illis, quae supersunt, debent etiam portionem suam tradere. quo sane nomine cóprehenduntur omnia collegia Salmanticensis, Complutensis, Parisiensis, ac Louaniensis, Academiarum, atque alia huiusmodi. regularium quoque collegia, in quibus illa etiam cótinentur, quae nuper a Reuerendis uiris societatis Iesu reguntur, ac gubernátur, de quibus propriè fuit cogitatum, hac exceptione cóprehenduntur. ex monachis uero excepti sunt mendicantes; ex militiis tantum excepta est militia Sancti

cti Ioannis Hieroſolymitani bona reuera hi ea,
quae ſunt muneris ſui exercendi: quorum facul-
tates, cum in locis haereticorum ualde ſint di
minutae, et in aliquibus locis omnes ſint illis
ſubtractae; iniquum uideretur, ſi a nobis quoque illis ſubſidia neceſſaria negarentur: prae-
ſertim, cum nulli ſint, qui pro uirili ſua portio
ne, tam bene, et tam fortiter Rempub. a pyratis
tueantur: propterea haec exceptio, in hac tan-
tũ militia, Patribus fuit probata. additur, praete
rea haec clauſula in eo decreto, quae tota, quia
maximi momẽti eſt, ualde eſt notanda. Nec nõ
beneficia aliquot ſimplicia cuiuſcumque qua-
litatis, ac dignitatis fuerint, uel etiam praeſtimo
nia, uel praeſtimoniales portiones nuncupatae,
etiam ante uacationẽ, ſine cultus diuini, et illa
obtinentium praeiudicio, huic collegio appli-
cabunt, et incorporabunt. quibus uerbis datur facultas Epiſcopis uniendi omnia genera
ſimplicium beneficiorum. hiſce autem unionibus, breui tempore erit optime cõſultum hu
iuſmodi collegiis, et beneficia alia erunt libera, ac praeſtimonia, et ſimiles portiones ei rei
ſeruient, ob quam fuerunt inſtitutae. in Hiſpa
nia enim ex parochialibus ditioribus, fuerunt
huiuſmodi

huiusmodi portiones detractae, quae praesti-monia uocantur, ut ex illis redditibus paupe-res scholastici; sine ullo ecclesiarum incom-modo ali recte in Academiis possent, ut dilige-tius operam sacris studiis darent, in aliquibus uero Hispaniae Episcopatibus, sunt quidem eaedem illae portiones, quae tamen non prae-stimoniales, sed tertiae, uel quartae partes ap-pellantur; quia sunt tertiae, uel quartae partes ex parrochialibus detractae, ut eisdē scholasti-cis darentur. tales sunt multae in Maioricensi dioecesi, de quibus idem habendum est iudi-cium, ac de praestimonialibus portionibus. nam ut tales habitae fuerunt in Sacro Apostoli co auditorio, sicut est in decisionibus Rotae dec.583 de conces. preben. in an. quod si alicu-bi aliquae sunt huiusmodi portiones, idem de illis quocumque nomine appellentur, iudican dum erit; maxime, cum de re honestissima, et, ut nostri loquuntur, maxime fauorabili agatur. possunt uero huiusmodi beneficia, ac prae stimoniales portiones Episcopi his sec collegiis unire, etiam ante uacationem, modo sine cul-tus diuini, et illa obtinentiū praeiudicio, hoc fiat. quae uerba sic intelligenda sunt, sine prae-

iudicium

illa [illegible] illa [illegible] durat, quibus aliqui-
le [illegible] possint illis, uel aliquam parti
[illegible] in priuatis, [illegible] aliquo, [illegible] generalis
[illegible] onis ipsi [illegible], ut infra dicitur, [illegible]
[illegible] possit ea [illegible] resignant [illegible],
quod in [illegible] beneficiis considerandu
est, temporarium est [illegible] pe [illegible] eorum ui
[illegible] cultus diuini est perpetuu, quod
[illegible] post [illegible] durat. est autem, ut, si propter beneficia illa, uel praestimonia, aliquid des-
set in ecclesia agendum, ut iusta aliqua portio
idoneo ministro attribuatur; quid in ecclesia
[illegible], quod cultui diuino debemus, [illegible]-
strum non est, ut [illegible] de-
bemus, aliquid detrahamus. propterea uideretur
Episcopi, quaenam beneficia huiusmodi [illegible]
[illegible] omnino libera, neque in ali
[illegible] officio [illegible], nam ubi [illegible]
[illegible] aliquin beneficia
[illegible], quae [illegible], neque [illegible], nec locum ullum habent, in quo possint deseruire,
quamuis a principio, cum [illegible] aliquis esset, [illegible] illis seruire,) huiusmodi beneficia,
[illegible], siue regularia fuerint, [illegible]
[illegible] hisce collegiis [illegible].

[illegible] de illis p[illegible] propter [illegible], in quibus [illegible] aliter [illegible] pro aliis [illegible] beneficia [illegible] quibus [illegible], quae ita
[illegible] possint
[illegible] fuerant [illegible] concel-
lo. Quod [illegible] et [illegible] beneficia sunt
reservata, uel affecta, nec per resignationem, ipsorum beneficiorum uniones, et applicationes
suspendi, [illegible] impediri possint [illegible]
omnino [illegible] quae [illegible]
ria effectum [illegible], quacunque con-
stitutione non obstante [illegible] clausula
omnia comprehensa sunt; [illegible] quod
[illegible] impedire posse, itaque
resignari in fauorem [illegible] haec
beneficia sic unita non possunt: et uerba illa:
nec per resignationem ipsorum beneficiorum
uniones, et applicationes suspendi etc. intelligenda sunt de resignatione facta in fauorem [illegible]
[illegible] de resignatione facta [illegible]
[illegible] Ordinario intelligi non [illegible]
[illegible] nulla [illegible], quia [illegible] factum
effectum [illegible] beneficii [illegible]
[illegible] resignare [illegible]
[illegible] indubitabiliter necessario [illegible]

uerba

[illegible] intelligendo [illegible] in Gener. illa [illegible] in Curia [illegible] intelligendo [illegible] qui in Curia [illegible] litigiosi [illegible] [illegible] Rectores huiusmodi [illegible] verum [illegible] mentione possessionis [illegible] per [illegible] Collegii [illegible] arbitrii ius [illegible] esse Collegio acquisitum, quod ipsi non possent [illegible] huiusmodi [illegible] beneficiorum [illegible] Episcopi [illegible] Episcopi in suo Episcopatu et dioecesi, quae collegia huiusmodi confirmari possint [illegible] quibus [illegible] maxime in [illegible] spania [illegible] Academiae in aliqua parte provinciae [illegible] quod [illegible] in Conciliis provincialibus [illegible] huiusmodi [illegible] ad Academiam pertinet [illegible] Concilio provinciali singuli Episcopi [illegible] sui Episcopatus [illegible] collegiis huiusmodi opes habeant, [illegible] opima, ubi potuerit, ut tot beneficia simplicia his collegiis in perpetuum [illegible], ut quo tum reditibus illa collegia, et ea portio, quae a singulis Episcopatibus pro [illegible] erit, commode sibi posse sit [illegible] cum illa beneficia, constituendum erit; ut a singulis beneficiis ea portio accipiatur, quae illam summam [illegible] efficiat. Itaque in amplis Episcopatibus, ubi sunt plurima beneficia, quae commode [illegible] possint, res erit facta facillima, ut breui tempore omnia beneficia erunt libera ab illa portione. In aliis Episcopatibus fiet, ut commodius poterit; et si nulla beneficia sint, quae uniri possint, non adeo magna portio imponetur beneficiis, nisi illa essent valde opima; quia illa semper erit soluenda. itaque ea ratio iusta, et honesta in constituendis hisce collegiis spectanda est, ut collegia ipsa omnino, quo commodius fieri poterit, constituantur, sed ita ut [illegible] no beneficia nimium grauentur; maxime si nulla est spes illa ex unionibus posse liberari [illegible] haec [illegible] et amplis ecclesiis: uerum quid in [illegible] ecclesiis faciendum sit, Synodus Tridentina in eo decreto non neglexit.

Si vero in aliqua prouincia, Ecclesiae tanta paupertate laborarent, ut collegium in aliquibus
erigi non possit, Synodus prouincialis, uel Metropolitanus cum duobus antiquioribus suf-
fraganeis, circumuicinis urbibus constituitur, illis prouinciis; quorum Episcopatus magna pauperta-
te laborant, constituitur; ut, si in dioecesi nō po
test cōstitui hoc Seminarium, Synodus prouin
cialis, uel si ea non potest facile conuenire; Metropolitanus cum duobus antiquioribus suf-
fraganeis, constituat, ut uel in Metropolitana, uel in alia prouinciae ecclesia commodiori,
unum, uel plura collegia constituantur. quod
si unum tantum constituendum erit, quod sane conuenientius erit, ut unum amplum, uel
mediocre, quam quod plura parua collegia eri
gantur; tum poterit ea ratio iniri, ut pro modo
portionis, quam ille Episcopatus dabit, tot pue
ri ex eo Episcopatu in eo collegio alantur, habi
ta ratione sumptuum, pro more illius loci, ita,
ut omnia, quae in uictu et uestitu pueris necessaria erunt, computentur. exempli caussa: sunt
tres Episcopatus, qui simul unum collegium
uolunt constituere, et ab uno Episcopatu dan-
tur centum, ab alio ducentū, ab alio trecentum,

aurei:

[illegible] in [illegible] singulis pueris [illegible] ac, uiginti [illegible] ergo ex illo Episcopatu, qui confert centum [illegible] quinque pueri, ex altero, decem; ex [illegible] tio quindecim. quod intelligo [illegible] portione, quasi pro [illegible] dotis, sala-rio magistrorum, et rebus aliis necessariis [illegible] benda est. in omnibus uero rebus nulla inter eos facienda erit inaequalitas, nisi iuxta illam classium diuisionem, de qua supra diximus, ut eam omni paritate, [illegible] omnibus inter ipsos tollatur, [illegible] fieri potest, si duo Metropolitani sint, qui paucos, uel nullos habeant suffraganeos, ut omnes Episcopos; [illegible] conueniant, et locum [illegible] commodiorem eligant, in quo Seminarium constituatur, in quo ipsi Metropolitani, atque Episcopi suffraganei suos pueros mittant, iuxta eam rationem, de qua supra diximus [illegible] facillime [illegible] uis, [illegible] uidebitur [illegible] uel [illegible] Episcopi hanc constitutionem [illegible] giorum, pro modo facultatum [illegible] xerint, uideo ab eis seuerissimo iudicio rationem esse reddendam, et grauissimas poenas esse negligentibus inferendas: eos tamen alii, etiam

si Epi-

[illegible] Episcopi non sunt, a Synodo [illegible], non ui-
no ipsius [illegible], ne cogentes ab [illegible]
ris [illegible] hoc [illegible] parte [illegible] sed [illegible]
quod [illegible] Episcopis [illegible]
esse [illegible] in re [illegible] necessaria, [illegible]
diligentissimo agatur; [illegible] Dei negligentia [illegible] nec ob [illegible] diffi-
cultates [illegible] necessariis collegiorum con-
stitutio [illegible] impediri possit [illegible]
ma, clausula, quae amplissima [illegible] Episcopo
cum duobus deputatis, uel Synodo provinciali [illegible] modo Epi-
scopus cum deputatis, uel Synodus provincia-
lis [illegible] spectare debent,
ut [illegible] diligentissime institutio, et conserua-
tio huiusmodi Seminarii [illegible] constituatur; [illegible]
[illegible] quam diligentissi-
[illegible] notanda uero est admodum [illegible] quidem,
sed [illegible] quae maximam
[illegible] utilitatem [illegible] Dei [illegible]
[illegible] diligenter [illegible]
[illegible]

DE

DE SEMINARIO PVELLARVM Deo Dicandarum.

[illegible] pessi[illegible] puellarum [illegible] quae nihil puerorum [illegible] eleemosynis [illegible] facile [illegible] placitura [illegible] posset [illegible] templo aliqua domo in modum monasterii [illegible] clausa, atque undique altis parietibus munita, puellae maxime pauperes, bonae indolis, et honestae, vel [illegible], quales multae in magnis civitatibus reperiuntur, in eodem studiose [illegible] rum impudicitia, quia in [illegible] providetur, postea maxima damna Reipub. infertur. In ea vero domo, vel monasterio, [illegible] aliquo honestissimae, et sanctae [illegible] Dei [illegible] puellas habeant [illegible] ut doceant, vel [illegible] puellarum [illegible] tribuantur [illegible] ad Christianam [illegible] disciplinam [illegible] minis congruentem instituant, [illegible] in [illegible] ibus, instituendis [illegible] puellae, [illegible] disciplinis [illegible] exercitiis commode iuuare

[illegible] do ipsa [illegible] illa [illegible]
[illegible] mater, ac [illegible], semper illis adsit,
[illegible] in officio contineat. quas qui-
[illegible]
[illegible]
[illegible]
[illegible]
[illegible] sed liber [illegible]
[illegible] etiam ad decimum [illegible]
[illegible] decimu [illegible] po [illegible],
eligere, [illegible] uirginitatem seruar [illegible]
lic [illegible] illis, [illegible],
ut commodius fieri poterit, [illegible]
nis, [illegible] ex piorum hominum legatis compare-
tur, atque alicui bono uiro collocetur: [illegible]
ro, quae uirginitatem seruare [illegible] ab illo [illegible] loco, ad alia monasteria [illegible]
[illegible] ea [illegible]
[illegible]
cui in parte [illegible] oportear, [illegible]
centes, [illegible]
[illegible]
[illegible] puellae [illegible]
ad [illegible] in [illegible]
perfi [illegible]

munus educandi alias puellas commodius maneat. si quae autem ipsarum puellarum maiorum natu minus aptae ad iuniores educandas
uiderentur, illae cum solemni uirginitatis pro-
fessione, et cum [illegible] uestium induantur, sicut
alias educatrices esse oportebit, inter illas commodius erudiri poterunt. id uero intelligendum
est, quando per obitum alicuius ex educatricibus locus aliquis uacabit. nam omnino certum
numerum oportebit esse huiusmodi mulierum, ita ut earum puellis educandis quatuor-
decim, uel quindecim moniales praeficiantur.
quia enim diuitiis, in ea arte [illegible] fuerint,
quae ingenio, et bona indole praeditae erunt,
eo meliores, et aptiores aliis erunt, quae educationis illius expertes fuerint. in hunc uero locum uellem, ut dixi, pauperculorum filias, quae
bonam indolem prae se ferre cernentur, sum-
ptu publico ac [illegible] eleemosynis [illegible], ita tamen
ut ditiorum quoque filiae non excludantur, mo-
do sumptus eis necessarios a parentibus tribu-
[illegible] quod quidem [illegible] eadem [illegible] disciplinae [illegible] aliis educatricibus [illegible] ibi
superbiam [illegible]
[illegible] obedientiam discere debent. ac

propterea

propterea in ampla ciuitate oportebit huiusmodi monasterium amplum esse, ut in eo plures puellae commode habitare possint. qui quidem locus erit aptissimus uiris nobilioribus,
qui uel ob paupertatem, uel ob aliam quam-
piam causam, nolent suas filias uirgines con-
sortibus, ut eas a primis annis in eo loco educandas tradant, ubi omni cura, ac studio laborabi-
tur, ut illae uirginitatem amplectantur, eamq;
sponte sua, in legitima aetate spõso Christo uo-
ueant, ac praestent. qua quidem uia excludetur
uis, quae nonnunquam a parentibus aliquibus filiis infertur, et illae sic institutae, sponte sua illud uitae genus sectabũtur, in quo postea pie, ac constanter perseuerabunt. cura uero ac guberna-
tio eorum, quae ad regendum huiusmodi monasterium extrinsecus necessaria erunt, aliquibus honestis ac nobilibus uiris, tam ecclesiasticis, quam laicis tradi poterit. nam multi erunt
necessarii, ut puellas, antequam recipiantur, domi suae uisitent, et omnia explorent. quos etiã
frequenter, minimum semel in singulis hebdo-
madibus conuenire ad constituenda ea, quae
monasterio necessaria erunt, oportebit. uerum
ne hoc cupias sine Reip. illius Platonicae

[illegible] hic fuiat, Romae [illegible] esse [illegible]
monasterium; alterum in quo [illegible] puellarum; alterum in quo [illegible]
[illegible] repperiuntur, [illegible]
[illegible] ab illis [illegible]
recipi [illegible] a [illegible] ibus etiam [illegible] ad
[illegible] Principe [illegible] nobilium [illegible]
facultate; huiusmodi [illegible]
[illegible] uero, in [illegible] puellae educantur; est illud [illegible] templum Sanctorum quattuor Coronatorum, quorum [illegible]
na, ut hoc obiter annotem, diu ignota fuerunt, ita, ut pro illis, quinque martyrum [illegible]
dies, nempe Claudii, Nicostrati, Simproniani,
Castorii, atque Simplicii celebraretur: sed postea uera illorum quattuor Coronatorum nomina reuelata fuerunt, et sunt Seuerus, Seue-
rianus, Victorinus, et Carpophorus, sollemnitas tamen eorundem quinque, ut constitutum primo fuerat, semper celebris permansit; quod quidem
propterea annotaui, quia [illegible]
nem propriam Carolus magnus [illegible]
mentio de [illegible] fiat, [illegible]
[illegible] quod obiter annota-
[illegible], ut horum Sanctorum [illegible]

[illegible] carent . [illegible]
[illegible] domū, quam [illegible]
[illegible] magna[illegible] porum; [illegible]
[illegible] principe digno [illegible]
[illegible] ædificatores [illegible]
præcipue, elegantissima ædificari [illegible]
eo [illegible] modi [illegible] plurima [illegible]
habita[illegible] quide [illegible] sapientissi-
mus hic Cardinalis Moronus [illegible]
potest [illegible] huiusmodi loca negligi; [illegible]
lis principes Cardinales, et hi, qui [illegible]
na sunt Ecclesiæ, præcipua [illegible]
[illegible] de quo [illegible] dixi, [illegible] vulgo san-
ctas [illegible] appellant, [illegible]
teo habuit [illegible] Cardinalis [illegible]
[illegible] quam nunc [illegible] demortui locum successit,
[illegible] Cardinalis Ferrariensis [illegible]
in loco [illegible] centum puellæ [illegible]
la [illegible] educatione liberorum,
a [illegible] sanctissime [illegible]
[illegible] de quibus [illegible] nō [illegible]
quidem [illegible] singulis [illegible]
[illegible]
[illegible]
[illegible] reditus [illegible] ; itaque

 reliqua

reliqua proueniunt ex eleemosynis, et honestis puellarum operis conficitur. ex quo intelligē- re quiuis potest, illos, qui [illegible] doctā Principe orbis Ciuitate maledicunt, [illegible] infamiae? nam quamuis multi in ea urbe, pro ipsius magnitudine, homines [illegible]; sunt tamen in ea quam plurimi optimi uiri, et matronae honestissimae: atque huiusmodi est ea ciuitas, ut in ea bonis nunquam praesidia deesse possint. sed, ne quis dicat, hoc Romae dun- taxat fieri, in aliis ciuitatibus idē fieri non pos- se, hic sciat: Maioricae, quae est patria mea, esse monasterium, quod propriè educationis [illegible] [illegible] appellatur, in quo nobiliorum filiae, [illegible] me, quarum [illegible] obierunt, [illegible] [illegible] etiam educantur. itaque, quod in his ciuitati- bus facile praestatur, in aliis quoque, si eadem diligentia adhibeatur, idem nō difficulter con- ficietur.

Cum coeperim de huiusmodi collegiis tra- ctare, uolo meam quandam cogitationem ab hac collegiorum ratione non alienam, neque [illegible] hoc scripto comprehen- dere: [illegible] ut si ciuitates aliquae Italiae, ac [illegible] Mahumetanorum, [illegible]

a Chri-

a Christianis recuperentur, infra breue tempus
[illegible] easdem ciuitates Christianis impleatis. Ve-
hoc praeclare facies, dicet aliquis, si eo magna
aliquam Christianorum Coloniam deduceres.
antiquitus Coloniarum ratio, pro admodum utilis fuit; cum regna propria hominibus gaudemus,
ut alias ciuitates impleamus, quod sane uerum
est; sed quid, si cum Turcis ac Mahumetanis o[illegible]
oib Christianos; non ne hoc mirabile erit? non
solum mirabile, dicet aliquis, sed factu impos-
sibile. uideamus ergo, si qua ratio non inepta
huiusce rei non difficilis efficiendae inueniri
possit, quae uni Regi nostro Catholico, qui facile multas Africae ciuitates recuperare potest,
optime consultum uidebitur. cogitaui ergo aliquando, capta ampla aliqua ciuitate Mahumetanorum, [illegible], quod supra dixi, efficeretur,
omnes foeminas, quae maiores essent 12, et omnes mares, qui maiores essent quattuordecim
annis, in seruitutem esse ad nostra regna abdu-
cendos; relinquendos uero esse in ipsa ciuitate
pueros, ac puellas, qui infra eam aetatem essent.
Atque pro numero puellarum, domos quasdam,
amplas ciuitatis recipiendas esse, ut in singulis
plus minus quadraginta puellae habitare

[illegible] possent;

possent, quae omnes a decem honestis mulieribus nostris in fide Christiana instructae, atque
educari commode possent. nam si in ea tenera
aetate, longe a parentibus, atque omnibus aliis
inhabitantis abessent, facile omni Christiana
disciplina imbuerentur. Idem quoque uellem
de pueris fieri, sic, ut ipsi apud diuersos artifices Christianos uarias artes discerent. quod si
decem essent huiusmodi collegia puellarum,
ac totidem puerorum; nonne ante decem annos, ex illis bis mille domos, plus minus, imple-
re possemus? at dicet aliquis, ad hos tamē alen-
dos magna quadā impensa opus est? tanta ne,
ut non multo maius lucrum sit unius ciuitatis,
quam illius impensae? omitto rem ipsam, quae
sane est sanctissima, et in qua multae animae
Christo acquirerentur, sed utilitatē ipsam tempore mercatorum cōsideremus; quis hanc impensa, de qua subtilius paulo post dicam, empta in
ciuitatem, nō uilem iudicarit? quod si Rex spo-
lia omnia, ac manubias, et maiorum natu, qui
in seruitutem abstracti essent, precium ad aera-
rium referri imperauerit, nō dico omniū, quia
hoc fieri non posset, sed magnae partis, non est
dubium, maius futurum esse hoc lucrum quam impensa,

pelusa; quae in illis educādis fieret. uerum prae torea, quae dixi, sunt aliqua ad hanc rem confi ciendam necessaria. primum, cum dixi, omnes illos infideles maiores natu esse in seruitutem abstrahendos, ex illis tamen aliquos agriculto res relinquerem, qui essent necessarii, ut mili- tum praesidiū, et ea collegia ex frumēto, quod ipsi sererent, alerentur; quibus interim, si rectis suasionibus, ac praedicationibus piorum ho- minum parere nollent, suo more uiuere per- mitterem; sic tamen, ut longissime ab illis pue ris essent, qui in collegiis educarentur. praeter hosce agricultores, est necessariū militum prae sidium, quo ciuitas ab hostibus tuta esse possit. quod quidem in quacumque ciuitate, uel por tu, quem tueri uolumus necessarium est. ita- que haec impensa non est propria huiusce rei, atque institutionis puerorum, de qua nunc agi mus; sed communis omnium arcium munita rum. sunt praeterea necessarii ducentum, uel trecentum probi uiri ad instruendos pueros, et totidem honestae feminae instituēdis puellis, ut ante dixi, qui tamē ad decem tantum annos necessarii erunt. et sumi moniales, et monachi, uel pii sacerdotes poterunt, qui uictu et uestitu

tantum in cōtenti erunt: quorum impenſa quan
tula quaeſo eſſet? ſed puellis ac pueris eſsēt mul
ta neceſſaria: in primo uictus tantum ac ueſtitus,
qui facile ex tributis infidelium, qui relicti eſſent, uel ex manubiarum, et eorum, qui uendi
ti eſſent pretio, ut ſupra dixi, haberi poſſet. ac
ſane ea impenſa Rex numquam egeret. artifices etiam aliqui uariarum artium eo mittendi
eſſent, ut pueros ea artificia, quibus Chriſtiani
in ueſtitu; et rebus aliis omnibus utimur, doce
rent, quibus pueros ac puellas ſemper uti opor
teret, ut omnem illam Mahumetanorum con
ſuetudinem obliuiſcerētur. quorum artificum
ex uicinis Chriſtianorū Regnis parua quaedā
colonia, ex pauperioribus eo mittēda eſſet; qui
bus etiam, ut diutius retineri in noua ciuitate
poſſent, optimi agri eſſent aſſignandi. Ac ſane
multum, et diligēter de ea re cogitans, nullam
magnam difficultatem in ea inuenio, niſi ſocor
diam quandam noſtram, qua omnes, nō dico
laboramus, ſed deſidemus: ut magis nobis pla
ceat, nihil agere, et nihil meditari, quā dignum
aliquid magni, ac Chriſtiani animi uiro efficc-
re; uel etiam cogitare. quaeſo cogitate, ſi hoc
maioribus noſtris in mentem ueniſſet, idq. ef-
feciſſent;

fecissent; quod nunc in Africa amplissimas ciuitates Christianis plenas haberemus; Tunetum, ciuitatem maximam, Afrodisium, Bogiam, Hipponem, Tripolim, Algeriamq. ipsam, quae nunc nobis tam importunae sunt, haberemus; ac praeterea ampla quaedam Regna in Africa possideremus. quod si a maioribus factum nõ est, quia nec cogitatum est, obsecro, ut nostro tempore, et cogitetur, et cum res tulerit, efficiatur. nam, quod ex paruo hominum numero cito quam maxima multitudo oriri possit, ex tribus Noe filiis discere possumus; quorum singuli singulas mundi partes, atque ipsarum Insulas repleuerunt. et in libro Iudicum ultimo capite aperte hoc idem docemur; cum ex sexcentis uiris, qui ex tribu Beniamin superfuerunt, et totidẽ puellis, quae eis uxores datae fuerunt, breui tanta hominum multitudo edita fuerit, ut multarum urbium, ac pagorum aedificatione indiguerint. quid de Romanis dicam, ut de profana historia aliquid attingam, qui raptis puellis Sabinis, quas sane non adeo multas rapere potuerunt, breui maximum populum, et orbis dominatorem procrearunt? itaque si cura, ac studium optimorũ hominum adhibeatur, res haec non solum nõ est impossibilis, sed ne quidem factu ualde difficilis, uellem tamẽ primum, hoc idem omnino praestari in filiis eorum Mahumetanorum, quos in Hispania, atque in nostris uisceribus habemus. Obsecro uos uiri religiosissimi, quo nomine praecipue Valentiae, Granatae, Dertusae, atque Aureolae Praesules compello, ita ne erit, ut tantam animarum multitudinem perire sinatis, neque remedium illis aliquod efficax, ac salutare afferatis? sed uideo dicturos, rem esse, non solum difficilem, sed factu impossibilem; quam quidem difficilem, atque adeo difficillimam esse non negarim; factu tamẽ impossibilem nunquam esse dicam. uellem autẽ, ut uno eodemq. die, ex omnibus pagis ac locis, in quibus Mahumetani habitãt, quod imperio Regis Catholici, qui in hac re uobis maxime fauebit, fieri poterit, omnes pueros, qui nondum quattuordecim annos nati fuerint, et puellas omnes, quae nondum duodecimum annum attigerint, abducatis; quod si non omnes abstrahi possint, illi saltem abducantur, qui bonam quandã indolem prae se ferent, dici uero parentibus eorum poterit ab armatis hominibus, qui eo accedent, ut timore

inquisitoribus tentare audeant, Regi, uel pagi do-
minio, tantum ut recte educentur, illis opus esse.
Ac puellas in monasteria aliqua includite, maxime eas, quae praestare ingenio uidebuntur,
aut filiae erunt ditiorum, ita, ut in singulis monasteriis, uel amplis domibus ad id paratis decem, uel uiginti moniales, uel aliae honestae feminae habitent, ut eas in fide, ac bonis moribus
instituant. reliquas, maxime paulo crassioris ingenii, si in illis domibus locus non superest, honestis matronis, ut eis seruiant, et ab ipsis fidem
Catholicam, et ritus Christianorum doceantur,
tradite: pueros quoque eodem modo, partem
in domibus aliquibus capacissimis collocate,
in quibus sint uiri probi, qui eos in fide et bonis moribus instruant, quos etiam artem aliquam doceri curabunt; partem bonis uiris, ut
eis seruiant, et ab ipsis erudiantur, tradite. curandum uero erit, ut quantum fieri poterit, longissime ab eo loco, in quo parentes habitabunt,
pueri huiusmodi educentur. notabitur tamen,
quinam sint parentes singulorum: et ex quo pago sint, ut bona, paterna, uel eorum legitima
pars eis integra conseruetur. quorum parentibus, si paulo ditiores fuerint, imperari annuũ

aliquid

poſſe a parentibus inuitis abſtrahi; hoc enim de illis Iudaeis intelligitur, qui neque ipſi, neque eorum filii ſunt baptizati; nam in baptizatis longe alia ratio reperitur, ut in canone paulo ante citato declaratur: illi enim, tametſi ego eos Mahumetanos uocaui, tamē et ſacra unda ac baptiſmo loti ſunt, et eorum filii eodem baptiſmo Chriſto adſcripti ſunt, et effecti Chriſtiani. itaque proprius illorum Pater eſt Epiſcopus, qui animae illorum curam, ut aliorum omnium ſuae dioeceſeos, etiam inuitis parentibus, cum id animae periculum poſtulat, habere debet. flendum tamen eſt, quod hos, qui re uera ad Chriſtum pertinent, non alio nomine quam Mahumetanorū, quia reuera hoſce mores ſequuntur, appellare poſſum. quod ſane, nō ſine maxima omnium noſtrum culpa eſt; qui noſtris commodis dediti, uel, ut uerius dicam, cum hoc impoſſibile iudicamus, nō eo ſtudio, quo oportebat, in hanc rem utiliſſimam, atque omnium in Hiſpania maxime neceſſariam, incumbimus; ſed difficultate deterriti, rem ſane difficilē, ne illam aggredi cogamur, prima ipſa cogitatione, tanquam fieri omnino non poſſit, reiicimus. uerum quod hi cogi poſſint ad fidem Catholicam seruandam, quam uel inuiti ipsi, uel inuitis parentibus filii susceperunt. Canone 56: eiusdem quarti magni Toletani Concilii aperte docetur; ita, ut ille canon ad res Hispaniae nostri temporis, magis, quam ad illas antiquas respexisse uideatur. Qui autem iampridem ad Christianitatem uenire coacti sunt, sicut factum est temporibus religiosissimi Principis Sisenandi, quia iam constat, eos sacramentis diuinis sociatos, et baptismi gratiam suscepisse, et Chrismate unctos esse, et Corporis Domini, et sanguinis extitisse participes, oportet, ut fidem, etiam quam ui, uel necessitate susceperunt, tenere cogantur, ne nomen Domini blasphemetur, et fides, quam susceperunt, uilis ac contemptibilis habeatur. quod si quis iterum dicat, ad ea collegia puerorum, ac puellarum magnam quandam pecuniae summam esse necessariam, non negabo: sed dico, propterea esse amplissimos reditus Ecclesiarum uestrarum, ut maximas huiusmodi res tractare, atque efficere possitis. quamuis nō tanta pecunia ad eam rem opus erit, quanta putatis. nam ad illos tantum pueros, et puellas ascitas pecunia erit necessaria, qui in collegiis, uel monasteriis educabuntur.

[illegible], hi enim qui [illegible], et puellae quae honestis matronis traditae fuerint, ab illis alentur. pro illis uero eleemosynae maximae, non solum in illis Regnis Valentiae, ac Granatae, uerum etiam in omni Hispania liberalissime debentur. namque ipsa tam pia est, ut cognita quantis allectat, et se ipsam maxime commendet. diligentia tantum, mihi credite, ac forti quodam animo opus est, cetera Christus ipse, cuius in hoc caussam agetis, non solum adiuuabit, sed ipse conficiet. quod si hanc rem serio susceperitis, non solum iustum erit, ut a uestris clericis ex ipsorum reditibus adiuuemini, uerum etiam bonam partem auri, et argenti ecclesiastici iustissime in eam rem poteritis consumere. nam si Ambrosius ad liberandos a seruitute Christianos hoc fecit, sicut ipse lib. 2. offic. cap. 28. testatur, ad quod etiam pertinet c. et sacrorum cum duobus sequen. 12. q. 2. quod sine dubio ad corpora tantum liberanda pertinebat; quanto magis uos idem facere ad liberandas a diabolo animas potestis? nec sane tam acerbus sum, ut omnia uos, quasi uestris manibus, sic ipsa tractantes pecunia uelim efficere, quamuis ea omnis in hanc rem profundenda esset, [illegible] tantam optimos [illegible] praestantissimos, quales esse debetis. Itaque res optimas ac maximas, uos potius aggrediamini, et quae nunc in uobis est [illegible], aliorum uero [illegible], Regis filii [illegible] qui, ipsi [illegible] nobilium [illegible] quorumque auxilium imploratis [illegible] ac [illegible] pii uotis [illegible] omnium studia [illegible] qui decurrent [illegible] in ea ne [illegible], uostra tamen, qui [illegible], ad gloria propria, et [illegible] Obsecro, recordamini Gregorium illum sanctissimum, multa uirginum Deo dicatarum millia Romae, atque aliis in locis suo sumptu aluisse, cum ad eam rem plura illi ex eleemosynis, quam ex reditibus Romanae Ecclesiae praeberentur: cuius successor Sabinianus, ut pauperes, quos ille aluerat, repelleret, egere Ecclesiam dicebat: ac sane ipse egebat, cum Gregorius ille, qui eis non solum uictum, sed uestes et culcitras, atque alia omnia necessaria, tanquam proprius eorum Oeconomus prouidebat, non solum non egeret, uerum etiam in abundantia [illegible] ergo uiri Sanctissimi liberalitatem [illegible] uobis [illegible], pro diligentiam [illegible] honestis [illegible] cogitationibus, ac desideriis, quantum [illegible]

que

quo difficilibus, Christum dñm [illegible] esse de futurum [illegible]

Cum haec scripsissem, eaq. cum Reuerendissimo Episcopo Vellis, optimo ac ualde docto uiro, qui tum Valentia ueniebat, Tridenti, ubi Concilii caussa tunc eramus, communicassem; narrauit mihi ille, multum se pro ea re laborauisse, ac praecipua quaedam capita ad eam rem conficiendam notauisse: nam cum ipse diu Valentiae moratus fuerit, et curam aliquot pagorum habuerit, in quibus huiusmodi homines habitant, qui originem a Mahumetanis ducunt, potuit rem diligenter considerare, et remedia tãto malo necessaria, prouidere: quod ille, non solum fecit, uerum etiam Regem Catholicum Philippum ea de re diligenter admonuit: qui, qua est in Deum, ac res omnes ecclesiasticas pietate, libenter eius admonitionem accepit, eiq. promisit se primo quoque tempore curaturum, ut ei rei efficax aliquod remedium adhiberetur: atque ei iussit, ut eo de re cum Archiepiscopo Ispalis, Regnorũ Hispaniae supremo Inquisitore tractaret: qui, ut mihi Episcopus Vellis retulit, rem ualde probauit, pro qua [illegible] Carolum V. diligen-

 tissime

[illegible]

cissime egisse, [illegible] ipso, ut est vir prudentissimus, et Catholicae fidei acerrimus propugna-
tor, omnino a Rege, et ab omnibus Episcopis, qui huiusmodi homines in suis dioecesibus habent, quibus [illegible] non [illegible]
iudicabat, cum Episcopus [illegible] Regem urge-
bat, quod exemplo optimi piissimique Regis Iuda,
et Israel debent, excellentia Regni sui [illegible], et
Prophetas omnes Baal, atque [illegible], quales
doctores, quidam hominum Mahumetanorum
sunt, quos ipsi Alfaquines nominant, e Regnis
suis eiiceret, ac longissime propelleret: qui proprius ad Catholicos Hispaniae Reges accedens,
gravissimam in Concilio Toletano sexto, tam bi-
no iam prolatam sententiam, eidem Regi obie-
cit: qua ille, ut est religiosissimus Princeps, valde
de fuit commotus. a qua sane non puto facile
Reges ipsos liberari posse, quod si de Regibus
hoc statuere videmus, quid de Episcopis dicendum est? quos sane non dubito illa eius canoe-
nis, atque aliis quamplurimis aliorum Canonum
praeceptionibus obligatos teneri; quibus, cum
haec in suis ecclesiis [illegible],
omni conatu ac studio [illegible]
dum est, ut [illegible] ecclesiis [illegible]

ferant,

[illegible] ariolos, incantatores, doctores e suis [illegible] procul expellant: in quorum locum [illegible], de lege Christiana peritos substituant. [illegible] illis, de quibus supra diximus, bene constitutis, quo solo remedio uidetur in [illegible] Maurorum institutioni recte [illegible] ad eos, qui iam grandiores in pagis reperiuntur, instruendos, atque [illegible], haec esse praescribenda: quae ab Episcopo [illegible] annotata, [illegible] nostris adiungere uolui? Et uero breuissime, tamquam quaedam legum capita describam:

Doctores omnes sectae Mahumetanae, quos illi Alfaquines nominant, procul expellantur.

Omnes libri sectae Mahumetanae omnibus [illegible], et sub grauissimis poenis prohibeantur.

[illegible] quibus ignoratur, an sint baptizati, omni conditione, si non fuerint baptizati, baptizentur: et semper nominibus Christianorum utantur, et more Christiano [illegible] uestiantur.

In [illegible] Parochus proprium librum habeat, in quo nomina baptizatorum describat.

In singulis pagis collocentur singuli Sacerdotes probatae uitae, qui eos

doctrina

doctrina Christiana instruant, et aliquis exeucutor Regius, uel sanctae Inquisitionis, quos Hispani Alguaziles uocamus, ut eos cogat statutis horis cum omnibus eorum filiis ad Ecclesiam proficisci. quod si quid sinistri, uel Sacerdotibus, uel Alguazinis euenerit, totus pagus teneatur ad poenam, nisi manifeste de auctore sceleris appareat, quasi culpa eorum euenerit, sicut facile credi potest. praeficiantur tamen huic rei homines Deum timentes, et mites, ut eos benigne tractent. et, ut neque Alguazinus, neque Sacerdos aliquid ab eis extorqueant, aliunde habeant aliquod salarium, saltem primis decem annis, postea enim res melius constitui poterunt.

Obtineatur a Sanctissimo Romano Pontifice amplissima facultas pro his Episcopis, qui huiusmodi homines habent in suis dioecesibus, absoluendi eos a quibuscumque grauissimis criminibus, et dispensandi ob matrimonia in casibus prohibitis contracta, atque etiam cum illis, qui duxerint plures uxores, possint concedere, ut cum illa maneant, quae uideatur Episcopo commodior ad fidem Christianam conseruandam. et ut gratis dispensatio, et omnia huiusmodi

iusmodi

iusserunt dentur.

Vt eisdem gratis, et non difficiliter concedatur dispensatio a propriis Episcopis contrahendi matrimonium in quarto, tertio, et aliquando in secundo gradu consanguinitatis, vel affinitatis, quando videbitur inter hosce coniuges facilius uera fides posse conseruari. nam Diuus Gregorius in responsione 7. ad interrogationes Augustini Episcopi Anglorum, ut Neophitis Anglorum multo plus, quam aliis antiquis Christianis in hisce gradibus indulgeretur, concessit, quod Higmarus cap. 2. sui libelli refert, et valde probat. ad hoc etiam c. fin. de diuor. omnino referendum est.

Statuatur, nullum posse ab uno pago ad alium transmigrare, nisi habita facultate in scriptis ab Illustrissimo Vicerego. nam alias, fugerent ab illis dominis, qui procurarent eos conuerti, ad alios, qui eos compendii caussa, vellent in Mahumetana secta coseruare. quae esset maxima occasio iurgiorum inter ipsos dominos

Haec mihi uisa sunt consideratione non indigna a quibus tamen non dubito multo

plura

plura inueniri posse, modo illi, quibus ex officio in eam rem incumbendum est, sicut debent, ita totam hanc rem diligenter considerare uelint.

FINIS.

Imprimatur, Frater Eustachius Lucatellus, Promagister Sacri Palatii.

www.ingramcontent.com/pod-product-compliance
Lightning Source LLC
Chambersburg PA
CBHW021356230426
43666CB00006B/544

* 9 7 8 3 7 4 1 1 7 8 2 4 5 *